知的生きかた文庫

名僧「100文字」の教え

仏楽学舎

三笠書房

はじめに――「いきいき生きる人」「くよくよ生きる人」

人生をより良く生きるために、仏さまの知恵をちょっとお借りする――。

本書は、そんな「人生のコツ」を紹介する本です。仏教の開祖・釈迦《しゃか》をはじめ、道元《どうげん》、法然《ほうねん》、親鸞《しんらん》、日蓮《にちれん》、良寛《りょうかん》……といった、さまざまな時代の「名僧」が残したことばのなかから、いまを生きるすべての人に役立つ「生き方のヒント」を独自に選び出し、そのポイントをわかりやすく一〇〇文字にまとめました。

わたしたちは、毎日たくさんの〝問題〟を抱えながら過ごしています。仕事のこと、家族のこと、お金のこと、人間関係のこと……あれこれ思い悩みながら生きています。でも、それが人間というもの。いつの時代も変わらない真理なのです。

お釈迦さまが二五〇〇年前に説いた仏教の教えは、「この苦しい世の中を、どうすればより良く生きることができるのか」という問いに答えたものです。

わたしたちが何かを思い悩むのは「あたりまえ」のこと。そんなときに、ちょっと発想を変えたり、視点を変えることで、心を明るく照らすことができるかどうか——。

人生を「いきいき生きる人」「くよくよ生きる人」の違いは、このコツを知っているかどうかにあります。

ことばには力があります。

たった一言が、何か大切なことを気づかせてくれたり、自分を成長させるきっかけになったり、勇気や希望を与えてくれたり、自分の誤ちをやさしく諭《さと》してくれたり。

ことばは、それを発した人、受けた人の「心のあり方」でさまざまな力を与えてくれますが、その中でも、仏教の名僧のことばは、時代を超えてわたしたちに「安心」という力を与えてくれます。

そんな「人生に安心が生まれ、明日への勇気が湧いてくる」ことばを、本書の中からたくさん見つけてください。

仏楽学舎

目次

1章

ほっと、心が安らぐことば
あせらず、あわてず、こだわらず

2章
ちょっと立ち止まって考えよう
ふう〜っと、一息つくことば

3章

ほんわかと、温まることば

人にやさしく、自分にもやさしく

4章
困った時は「仏さまにお任せする」
ほお～っと、勉強になることば

5章

ふむふむと、深く考えることば

迷った時こそシンプルに考える

6章

どっしりと、地に足をつけることば 「いざ」という時、「ここぞ」という時

7章

すっきりと、元気になることば

さあ、今日一日を大切に生きよう

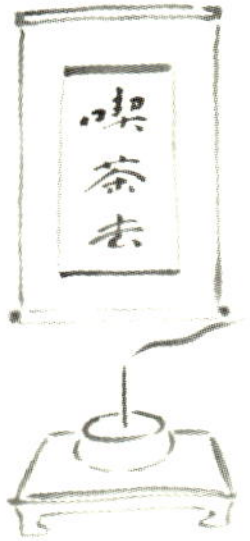

本文　書・画　小宮山 美光

1章

ほっと、心が安らぐことば

あせらず、あわてず、こだわらず

自分でじっくり考える

いまどきの僧侶や一般の人たちは、ともに自分の役割ややるべきことを思いはかりなさい。いま、ほんとうにやるべきことは何か、果たして自分はやるべきことをしっかりとやれているのかどうかを、よく考えてみなさい。

——親鸞《しんらん》

浄土真宗《じょうどしんしゅう》の開祖・親鸞が、自らの信仰と思想とを体系的に論じた著書『顕浄土真実《けんじょうどしんじつ》教行証文類《きょうぎょうしょうもんるい》』（略称は『教行信証《きょうぎょうしんしょう》』）の中にある教えです。

　何を目標にして生きたらいいのか、自分の人生をどう歩めばいいのかがわからない――ある精神科医の話によると、こうした悩みは学生や若者だけでなく、最近は社会の「ベテラン」と呼ばれる世代まで同様の悩みを抱える人が増えているそうです。

　しかも、その多くは自分の悩みの原因を、それまでの人生の問題や世の中にあるとしているといいます。つまり、自分の人生が自分の思い通りにいかない、世の中が自分の思っていた世の中ではないから「何をしたらいいのか、自分ではわからない……」という自分勝手な理由で、自分の人生の目標を失っているというわけです。

　右に紹介した親鸞の教えを見ると、彼が存命していた鎌倉時代にも自分の人生を見失った人が数多くいたことがわかります。そんな目標を失った人たちに彼が示した答えは「いま、ほんとうにやるべきことは何かをよく考えなさい」ということ。

　二度と戻らない過去や変化の多い世の中に気をとられず、〝いま〟やるべきこと、〝いま〟できることを自分で考えて実行する。見えない目標を探すより、〝いま〟を大切に積み重ねていくことで「わからない」ことへの不安は消えていきます。

あるがままを受け入れる

自分の心が暗く閉ざされているときは、すべてのものごとをことごとく禍《わざわい》と感じてしまうものです。しかし、眼（心の眼）を大きく開いて、ありのままを素直に受け入れると、見聞きするものはすべて宝と感じられます。

――空海《くうかい》

空海が残した数々の詩文を弟子の真済《しんぜい》が編纂《へんさん》した『性霊集《しょうりょうしゅう》』にある教えです。

誰にでも経験があると思いますが、心が苦しみや悲しみでいっぱいになると、何を見ても聞いてもまったく面白くなくなり、どんなに美味しいものを食べてもそれを「美味しい」と感じることができなくなります。あげくの果てには、世の中のすべての禍が自分だけに降りかかったように感じてしまい、その原因を、他人や周囲の環境のせいだと考える――ほんとうは苦悩したり、悲しんだりしている自分の心をコントロールできない自分に原因があるにもかかわらず。

空海が開いた真言宗《しんごんしゅう》では、「如実知自心《にょじつちじしん》」ということを説いています。現代風にいうと「ありのままに、自分の心を知る」というニュアンスの教えです。

すべての人の心は「もともと清浄《せいじょう》なもの」と仏教では説いていますが、実際のわたしたちの心は一瞬一瞬に移り変わっているので、つねに安心の状態にはありません。

だから、自分の〝いま〟の心の状態をその時々に自分でしっかりと見つめ、乱れていればその乱れの原因と向き合って、自ら安心の状態へとコントロールしていく。

そうして常日頃から、自らの心を安心の状態に保つことができれば、見聞きするものに不安を感じなくなり、ありのまま楽しく受け入れることができるようになります。

「あたりまえ」を大切にする

仏法とは、手間ひまのかけようがない、どこまでもあたりまえのものです。大小便をしたり、着物を着たり、食事をしたり、疲れたら横になるだけのことで、愚かな人はそれをバカにするが、知恵のある人にはわかります。

――臨済《りんざい》

修行僧に誤った考えや迷いがあるとき、その心を励まし導くために、禅宗のお坊さんは「喝《かつ》」と大声を出すことがあります。歴代の禅宗の祖師《そし》の中で、この「喝」の使い方がもっとも優れ、弟子たちの自覚を導いたのが臨済宗《りんざいしゅう》の開祖・臨済義玄《ぎげん》です。

右の教えは彼の言行録『臨済録』にあるもので、そのあとには「昔の祖師たちも『外面をつくろうのは、てんからの大バカ者』といっています」と続きます。つまり、〝禅〟という仏法は、自分の置かれた日常でやるべきことを自分でしっかりと行うことであり、坐禅を通して自分と対峙《たいじ》する以外に、何か特別なことをしたり、外見だけの行いで得られるものではないという意味です。

日常であたりまえと思えることも、つねに心を新たにしてよく考えて行動する――日常生活の中にこそ、大切な教えがあり、その一つ一つを自分の知恵として身につけていく――そうした日々の繰り返しが〝禅〟という仏法の修行なのです。

仏法には、毎日、神仏に手を合わせたり、お経をとなえたりする教えもあります。ですが、それもマンネリ化して外面だけで続けたり、一方的にご利益を求めて行うものではありません。仏法（仏教）には「仏になる教え」という意味もあるので、大切なことは願うより感謝。感謝の心を持って日常を生きることも立派な仏法なのです。

心を一度空っぽにしてみる

どんなに念仏をとなえていても、人であるうちは、ときには腹が立ち、さまざまに心を乱すことがあります。そんなときにはどうすればいいか。乱れた心のままで念仏をして、その中で心を一つに集めていけばいいのです。

――法然《ほうねん》

浄土宗《じょうどしゅう》は、難解な経典の理解や修行を重視するそれまでの日本仏教とは違い、「南《な》無阿弥陀仏《むあみだぶつ》」という念仏をただとなえるだけでいいという教えを説いて、急速に世間の人々へ広まった宗派として知られています。

そのシンプルな宗旨《しゅうし》が多くの信者を集めた要因のように思えますが、実際には、貴族から遊女まで身分に関係なくその教えを心優しく説いた開祖・法然が、大いなる包容力を持つ魅力的な人間であったことが最大のポイントといわれています。

右に紹介した教えは、そんな法然であっても、自分の人生において腹が立つことがあり、その怒りの心を治めようと念仏をとなえても、心はさまざまに乱れて、なかなか治まらなかったことがあった――そんな自らの実体験を語ったことばです。

心が乱れたとき、「落ち着け、落ち着け……」といくらとなえても、どんなに願っても、さまざまなことを思いだしてしまい、なかなか落ち着きは得られないものです。

法然は、それを打破するため、心を落ち着かせようとする自意識（思考）を捨てて心を一度空っぽにし、ひたすらに念仏をとなえることで、逆に心が一つに集まることを体得したといいます。

何も考えず、一つのことに集中する――それが心を落ち着かせる最良の方法です。

「坐禅」のすすめ

一時だけ坐禅をすれば、一時の仏になり、一日中坐禅をすれば、一日の仏になり、一生坐禅をすれば、一生の仏となります。何事も心を一つにして続けていくことができるならば、それは自分のものになっていくのです。

――円爾《えんに》

鎌倉時代の禅僧・円爾弁円《べんえん》は「坐禅の宗門《しゅうもん》とは大解脱《だいげだつ》の道なり」という名言を残しています。大解脱の〝解〟とは、「縛られた状態から解き放たれること」。〝脱〟とは、「押し込められた状態から離れること」で、どちらも「自由になる」という意味。つまり、円爾は「坐禅の教えは、わたしたち人間の悩める心を大きく解き放ち、自由自在の心境に通じる道である」と明言し、とかく難解な禅を簡潔に説いたのです。

右に紹介したことばは、出家した修行者だけでなく、世間で生きるわたしたちも「一時坐禅すれば一時の仏……」と信じて日常生活を送ることができれば、心を解き放ち、自由自在の心境に通じることができるという意味のある教えです。

仕事や勉強、スポーツなど、何かを自分のものにしたいと思う。でも、そのことを思いだしたときだけ勉強をしたり、気分が乗ったときだけ努力をしているようでは、どんなに多くの時間をかけても身につかないものです。

何かを自分のものにするには、自分の思いや気分を優先せずに、そのときどきの状況に自ら溶け込んでいくこと。しかも、傍観《ぼうかん》するのではなく、つねに心を一つにして積極的に行動し、その雰囲気に自分を慣れさせていくことが大切です。

ただ継続するのでなく、自らを〝慣れ〟させていく先に、自由は見えてきます。

わたしは あなたの中にいる

わたしの肉体が滅んでも、わたしの教えはあなたの心の中で生きています。だから、わたしが死んでも、決してさびしがることはないのです。いついかなるときも、あなたの心の中でわたしの教えは生き続けていくでしょう。

――釈迦《しゃか》

これは釈迦が亡くなる前、抑えきれない悲しみから心の平静を失い、取り乱していた弟子の阿難《あなん》へ説いた最後の教えです。

心に残る教えというのは、誰にでも一つはあると思います。それは失敗や挫折したときに心に響いたことば、あるいはやさしく諭《さと》されたことばではないでしょうか。

親として、兄弟（姉妹）として、友達として、先輩として、上司として、大人として、人間として、その教えをあなたの心に残してくれた人は、あなたのことを真剣に心から考えてくれた――その心が、あなたの心に響いたからこそ、その教えは（釈迦の教えと同様に）あなたの心の中に残り、いまも生き続けているわけです。

最近は「しつけ」や「教育」と称して、ただ怒りをぶつけたり、大声で威嚇《いかく》したりする人が増えていますが、そんな人は「怒る」と「叱る」の意味を履き違えているようです。「怒る」とは、自分の不快や不満の気持ちを外に出すこと。自分の怒りを相手に知らしめるだけなので、逆に相手の心に〝怒りを生む〟ことさえあります。

一方、「叱る」とは、相手の誤りや欠点を指摘し、それを改めさせようと注意すること。つまり、まず相手のことをよく考え、その誤りや欠点を自分の知恵を用いて〝教える〟ことなのです。だからこそ、相手の心に生き続ける教えとなるのでしょう。

自分の宝を探す

寒山《かんざん》の頂上には丸い月があります。見たところ、晴天の空にはその月のほかに何もありません。あなたにわかるでしょうか、無価値に見えるこの自然が宝ということを。その宝が、あなたの心の奥にも眠っていることを……。

——寒山《かんざん》

中国・唐時代の禅僧・寒山の詩を中心に編纂《へんさん》した詩集『寒山詩』にある詩の一つで、説法というより、寒山が自分の心のありようをそのまま表したものです。

この詩の「寒山」とは、中国にある「天台山《てんだいさん》」の別名であり、その山に住みついて自らの名とした禅僧・寒山の両方の意味が込められています。

天台山は中国仏教の三大霊場の一つで、その自然は人が簡単に踏み入ることのできないほど厳しく、危険で不便であったと伝えられています。しかし、寒山は、その天台山の自然を心から愛し、ついにはその自然と一つになったとされる人物です。

この詩の「丸い月」とは、自然と一体化した寒山の心。つまり、つねにおだやかな境地にいて、心を乱すものが何もないという意味があります。この境地こそ、人間にとって最高の宝であり、わたしのように（寒山のように）、自然に感応することができれば、その宝（心が安らぐ境地）を得ることができると教えているのです。

いまの日本は、安易な利便性を求める結果、さまざまな自然が刻々と失われています。

あなたは忘れていませんか……人間がもともと自然の一部ということを。自然の中にこそ、自然体になれるときこそ、ほんとうの安らぎが得られることを。

仏さまにすべてを預けてみる

仏を念ずれば、生きているときには功徳《くどく》が積もり、死んだときには浄土《じょうど》へ行く。つまり、生きている間も死ぬときも、仏に自分のすべてを預けることができれば、思い煩《わずら》うことはなくなって、つねに安心が得られるのです。

――法然《ほうねん》

浄土宗《じょうどしゅう》の開祖・法然の伝記『法然上人行状絵図《しょうにんぎょうじょうえず》』にある教えで、このことばを実証するような次の逸話も残されています。

法然は、床にふし、あとは臨終を待つ身になっても、毎日念仏をとなえていました。

そんなとき、一人の弟子が枕元に阿弥陀仏《あみだぶつ》の仏像を祀《まつ》り、その指に五色の糸を結びつけ、もう一方の糸先を法然に持たせようとしました。そうすることで、簡単に仏と縁《えん》が結べる――死を迎える人に死の恐怖をやわらげさせようとする――儀式が当時流行っていて、弟子はそれにならい、法然にその儀式をさせようとしたのです。

でも、法然は「わたしには不要」と断ったそうです。阿弥陀仏を深く信仰した彼は、儀式の仏像など必要なく、死も恐れていなかったと伝えられています。このように自分のすべてを預けられる信仰は、その人を強く支える心の土台となるのです。

『戦争と平和』の著者トルストイは、信仰についてこんなことを述べています。

「人間が立派に生きるためには、自分のなすべきこと、してはならないことを自ら知らなければならない。これを知るためには信仰が必要である。信仰とは、『人間とは何か』『人間は何のためにこの世に生きているか』を知ることである」

そして「信仰が強いほど、その人間の生活は揺るがない」と。

ニセモノとホンモノを知る

神さんでも、仏さんでも、ニセモンとホンマモンの区別はたやすいものです。その神仏の力が大自然の力と関係ないようなもんはニセモン。どんなに名前や形がけったいなモンでも、大自然の力の神さんはホンマモンです。

――大西《おおにし》良慶《りょうけい》

大西良慶は、誰にでも「ゆっくりしいや」と温かい声をかけ、わかりやすい独特の説法で多くの人に愛された昭和の名僧の一人です。昭和四十年に京都・清水寺《きよみずでら》を本山とする北法相宗《きたほっそうしゅう》を設立し、初代管長（貫主）に就任。このとき年齢は九十歳で、その後、日本の長寿記録保持者となるまで僧侶として生き抜きました。

右に紹介した説法は、今日の世の中にも存在する似非《えせ》宗教の見分け方について述べたものですが、どんなものでもホンモノは「すべてに自然な魅力」があり、ニセモノには「わずかでも不自然な違和感が漂う」ものだという教えでもあります。

現代を生きるわたしたちにとって難しいのは、この「自然」という感覚を自ら正しく感じ取れるようになることです。そのためには自分が自然（自然体）になることが不可欠で、それができれば自らの天寿《てんじゅ》をまっとうできるともいわれています。

良慶は「長寿の秘訣は何か」という質問をされると、「よく食べて、よく働いて、よく眠ること」と答え、「この三つがうまく回転してこそ、信仰生活がよく保たれる」と話されたといいます。つまり、自分勝手に生きるのでなく、自然のリズムに合わせて、自ら規則正しい生活を実践する生き方こそ、人間の自然体。ものごとを見極める〝ゆっくり〟とした余裕は、そんな自然体の心から育つようです。

いつも安心して生きなさい

仏心は、罪やけがれは届かないから、いつも安らかであり、いつも清らかであり、いつも静かであり、いつも穏やかです。これがわたしたちの心の大本《おおもと》なのです。仏心には生も死もありません。いつも生き通しなのです。

――朝比奈宗源《あさひなそうげん》

昭和時代の名僧の一人とされる臨済宗《りんざいしゅう》の禅僧・宗源は、いつも「仏心の中に生まれ、仏心の中に生きて、仏心の中に死ぬ」と話されたといいます。

そして、「禅僧は修行して悟ることで救われるが、日々の生活に追われて修行ができない世間の人も仏心を信じれば救われる。なぜなら、宇宙のすべてのものの中に、仏の慈悲は生き通しに生きているからだ。すべてのものは等しく仏心に照らされている。禅僧の修行は個の内にある仏心（仏性《ぶっしょう》）との出会いにすぎない。だから、自分で修行できないものは宇宙に満ち満ちている仏心を信じればいい。ただ信じるから救われるのではなく、わたしたちは仏心にすでに救われている。そのことに気づけばよい」と説いていたそうです。

修行ができる人は自分の中にある仏心を信じ、修行ができない人は宇宙のすべてを包む仏心を信じて、いつも救われていることに気づきなさいというわけです。

でも、実際に信じようとすると、わたしたちは煩悩《ぼんのう》に邪魔され、なかなか素直に信じることができません。そんな人に、宗源は次のことばを残しています。

「雑念や妄想はなくならない。なくならないものをなくそうとするから煩悩になる。煩悩は整理すべきもの」――あなたの心も整理すれば、仏心が顔を出すでしょう。

何事も一つ一つていねいに

お茶を喫《きつ》するときには、余計な雑念をいっさい持たずにお茶を喫することに徹底し、食事をするときには、同様に食事をすることだけに徹底する。そのように一つのことに集中することで、おだやかな心は保つことができます。

——瑩山《けいざん》

鎌倉時代末期に生きた曹洞宗《そうとうしゅう》の中興《ちゅうこう》の祖・瑩山紹瑾《じょうきん》は、師の徹通義介《てっつうぎかい》から「平常心是道」という古則《こそく》（禅宗の昔の師が示した規範となる公案《こうあん》）の要点を聞いていると、突然「わかりました」といったそうです。

「どのように、わかったのだ」と徹通が問うと、瑩山は「真っ黒な玉が闇の夜に走る」と答えました。鉄砲玉が暗闇に飛ぶように、目立たないがつねに飛んでいる……それと同じような心の状態が〝平常心〟であり、〝禅の悟り〟であるという意味です。

これを聞いた師は「それでは説明が足りない。どのようにわかったのか、さらにいってみなさい」と再び問います。

右に紹介した教えは、その問いに対して、瑩山が改めて返答したものです。この一言で瑩山の禅の心を徹通は認め、禅宗の教えを究《きわ》めたことを証明する「印可状」を与えたと伝えられています。

現代社会では、何かをしながら携帯電話でメールをしたり、食事をしたりと同時に二つのことを平常にする人が増えています。でも、その安易な器用さが、逆に自分の心身の優れた感覚や集中力を鈍らせていることに気づいていません。

ほんとうの安心は、日常の一つ一つを心で感じ取るていねいな言行がもたらします。

必要なものだけ手に入れる

大きな楽しみを得るためには、小さな楽しみを捨てることが必要です。日常から自分にとって、ほんとうに大切なものは何であるかをよく考えて見極め、不要なモノには執着《しゅうちゃく》せず、省《はぶ》き捨てる決断をすることが大切です。

――釈迦《しゃか》

釈迦のことば（詩）を編纂《へんさん》した『ダンマパダ』（『法句経《ほっくきょう》』）の中にある教えです。

誰でも「楽しみは制限なく追求していたい」と思うものですが、現実の楽しみは「限りがある」からこそ「楽しい」と感じられるものです。あれもこれも限りなく楽しみを得ようとすれば、肝心なときに楽しめなくなる。だから、自分に必要のない楽しみは執着せず、〝人に譲る〟という心の余裕を持つことが欠かせません。

その心のあり方について『阿含経《あごんきょう》』の中で、釈迦はこんな説法をしています。

「たとえば、ある森の中に一本のたくさんの果実が実った果樹があったとします。一人の男がその樹を見つけますが、まだ実が一つも落ちていないので、樹に登ってその果実を採り始めました。やがて、別の男がやってきて同じ樹を見つけましたが、彼は木登りができません。すると、彼は男が登っているその樹を切り倒して、樹の果実を採ろうとくわだてます。最初に樹に登った男は、早く降りなければ、ひどい目に遭《あ》うことでしょう。さて、あなたはこの状況をどう思いますか？」

釈迦は、このように人の欲望をよく〝果樹〟にたとえ、欲望こそ、苦しみや悩みの原因であり、無闇に果実を得ようとする執着を断つことの大切さを説いています。

自分がほんとうに食べたい果実だけを得る――それが大きな楽しみを得る秘訣です。

あなたはいつも見守られている

仏の慈悲は月の光に似ていて、人の世のすみずみまで照らします。しかし、月の光の良さを感じられる人と、その良さをわからない人がいるように、仏の慈悲は、感じられる人の心だけに通じてその慈悲がもたらされます。

――法然《ほうねん》

浄土宗《じょうどしゅう》系の大阪・上宮高校の校歌は、高校野球ファンにもっとも覚えやすい校歌として知られています。その理由は、次のようなシンプルな歌詞にあります。

「月影の　いたらぬ里は　なけれども、眺《なが》むる人の　心にぞ澄《す》む」

この歌詞は、実は校歌としてつくられたものではありません。もともとは法然上人《しょうにん》が詠《よ》まれた「月影《つきかげ》」という和歌で、のちに十八番霊場（法然二十五霊場の一つ）・京都の月輪寺《がつりんじ》の御詠歌《ごえいか》となり、今日では浄土宗の宗歌となっているもの。

右に紹介した教えはその歌を意訳したことばです。

法然は、この月影の中で仏の慈悲の心を月の光にたとえていますが、これは『観無《かんむ》量寿経《りょうじゅきょう》』の「光明遍照　十方世界　念仏衆生　摂取不捨」という阿弥陀仏《あみだぶつ》の心を示した一節を、どんな人々にも理解できるように和歌にして説いたものといわれています。

つまり、阿弥陀仏の慈悲で救われるのは、厳しい修行をした僧侶や財力のある人だけでなく、それに気づいた人は平等に救われることを世間の人たちへ教えたのです。

太陽の光は、まぶしすぎて、人はそれを直視することができません。しかし、月の光は、すべての人がゆっくりとおだやかに眺めることができます。そんな月の光のような誰にでもやさしい心を、わたしたちはつねに持ち続けていたいものです。

意識しすぎるのは かえって毒

心から安らぎの心を得ようとして、自分の心に固守《こしゅ》すれば、心は迷い定まらなくなります。心を得ようと意識すると、それが心の呪縛《じゅばく》となってしまうもので、そうした安らぎの心への執着《しゅうちゃく》からは離れることも肝心《かんじん》なのです。

――一遍《いっぺん》

「明日は大切な○○があるから、もう寝なければいけない。でも、そう思えば思うほど眠気がさめてしまい、結果的によく眠れぬまま、朝になってしまった」

世間の大半の人は、年齢を重ねるごとに、そんな経験が多くなるようです。

眠りたいと思っているのに、眠れない――これこそ、心から安らぎの心を得ようとしているのに得られない一つの状態です。その原因は、心の中でさまざまなことを考えているため。付け加えると「余計なことは考えないようにしよう。そのためにはどうすればいいだろう」とさらに考えて、その重圧に苦しむためです。

これと同様に「安らかな心になりたい」「まじめに信仰したい」と思いすぎると、かえって心は定まらなくなり、信仰は心の呪縛となってしまいます。

「安らぎの心を得たい」と思うのは、人間ならば誰もが必ず願うこと。だからといって「そのことばかりに執着してはダメですよ」と説いているのが、時宗《じしゅう》の開祖・一遍の言行録『一遍上人語録《しょうにんごろく》』に記されている、右に紹介した教えです。

眠れなければ、眠くなるまで寝ようとせず、明日の用意をすればいい。

身体ばかりに執着して、心に無理をさせると、いずれどちらも壊れてしまいます。

執着から離れるキーワードは「柔軟さ」。頭も、心もやわらかく生きましょう。

2章

ふぅ～っと、一息つくことば

ちょっと立ち止まって考えよう

自分の心を整理整頓する

もっとも安心を得られる自分のよりどころは、自分の心です。自分をおいて誰かをよりどころとするよりも、自分の心を整えることが大切です。よく整えた自分の心が生みだす力、その力に勝るものはどこにもありません。

——釈迦《しゃか》

仏教の開祖・釈迦の説いた仏法を、のちの弟子たちが全四二三の詩文調形式でまとめた『ダンマパダ』（漢訳は『法句経《ほっくきょう》』）の中にある教えです。

釈迦が説いた教えは数々ありますが、時代を超えてもっとも注目される教えが「自分を知る」ということです。これは「人間は、神が創造したもの」とする宗教、あるいは神を頂点とする宗教にはない、仏教ならではの教えであり、考え方です。

〝自分〟とは何か――一番わかっているようで、実はよくわかっていない存在。たとえば、健康を考えてダイエットを始めるのも〝自分〟。その最中に「少しなら大丈夫だろう」とお菓子を食べて逆に体重を増やす……それもまた〝自分〟です。

つまり、〝自分〟とは、この世の中でもっともコントロールできるものと思いきや、実はなかなか自分の思い通りに制御できない存在。それが苦しみを生みだす根本的な要因になっていることに気づいた釈迦は、自分で自分の心を整え、自分をよりどころにすることが一番大切なことだと説いたのです。

誰も自分をわかってくれない――そう嘆きたくなることは、誰にでもあります。そんなときには他を求めず、自分の心の中をしっかりと見つめてみる。自分を励まし、自分をもっとも元気にできる存在は、何より〝自分〟の心なのです。

怠ったままの一〇〇年

どんなにすばらしい玉を持っていても、それを磨かずにほうっておいたら何にもなりません。どんな利口者でもぐずぐずしていたら、いつまでたっても役に立たない。怠《おこた》ったままの一〇〇年は恨むべき一〇〇年となります。

——山本玄峰《げんぽう》

山本玄峰は「白隠禅師《はくいんぜんじ》の再来」と呼ばれ、昭和三十六年に九十六歳で遷化《せんげ》されるまで、臨済宗《りんざいしゅう》の荒れ果てた数々の寺院の復興を成し遂げた禅僧で、その豪放磊落《ごうほうらいらく》の人柄を慕って、政財界の大物たちがさまざまなアドバイスを求めたことが知られています。

一方、「僧堂（禅の修行道場）にはいろいろな人が来るが、まともな人間は余人《よじん》にまかせる。わたしは世間からあばれもの、やくざものと見られている連中を世話する」といい、実際にそうした弟子を率先して指導した老師でもあったそうです。

そんな玄峰が、誰彼と分け隔てなく説いた教えが右に紹介したことばです。

「わたしは、子どもの頃は何をやっても上手だった」と昔話をする人がよくいます。でも、この手の話のオチは「その評価にあぐらをかいてしまい、結果的に何もやらなかった」というのがほとんど。つまり、自分がすばらしい珠玉《しゅぎょく》を持っていることを知っていたのに、それをいつまでも磨かなかったため、結局ただの石ころにしてしまった――そのことを、いまも後悔している人がこの世にはたくさんいるわけです。

あなたも心にすばらしい珠玉を持っているはずです。たとえ埃《ほこり》をかぶって石ころのように見えても、珠玉は珠玉。自分の手で磨けば磨いただけ、その光を放ちます。

「急がば回れ」でゆく

ものごとを速やかに悟《さと》るためには、さまざまな世の中の情報や知恵に長《た》けてズル賢くなるより、ひたむきに、着実に、自分のやるべきことに向かって努力するべきです。そのほうが実際には、ほんとうの悟りを得られるのです。

——道元《どうげん》

コンピュータの進化により現代社会は目覚ましい発展を遂げ、何事においてもスピードを重視するのが、今日の常識とされつつあります。

その一方で、自分の快適なスピードに合わないものを「ウザい」と簡単に拒否し、地道に継続しなければ得られないことをすぐにあきらめる〝がまんできない人〟が、老若男女を問わず急増しているようです。

先日、ある駅前の駐輪禁止区域に、無理やり自転車を停めようとしていた学生が駅員から注意されると、「急いでいるからいいじゃん……ダメ？　みんな停めているのに、何でオレだけダメなんだよ！」と逆ギレしている場面を目にしました。

今日では〝時は金なり〟を金言とする人が多くいます。時間は貴重で有効なものですから、確かに無駄に費やしてはいけません。でも、スピードだけを大切にするのが、ほんとうに自分にとって時間を有効に使う手段なのでしょうか……。

たとえば、同じ目的地に行くにも自動車と徒歩では、その過程で五感に感じられるものが大きく異なります。自動車は速ければ速いほど見えないものが多くなり、徒歩はゆっくり歩くほど新たな発見ができ、より豊かなものを感じられるというように。

肝心なものを見失わないようにするには、いつの時代も〝急がば回れ〟なのです。

小さな〝自分〟を捨てる

何かを学ぼうとする人が第一に用心すべきは、「我見《がけん》」から離れることです。我見とは、自分だけの狭い考えや偏《かたよ》った意見のこと。我見を離れるとは、そんな自己中心的になりがちな心身に執着《しゅうちゃく》しないようにすることです。

——道元《どうげん》

曹洞宗《そうとうしゅう》の開祖・道元は著書『正法眼蔵《しょうぼうげんぞう》』の中で「自分はまだ悟《さと》りの世界に渡っていないが、先にほかの人々を渡してあげたい」と語り、実際に弟子たちの育成に努めたことで知られています。禅の修行は、道元が示した通り、自分だけが悟ればいいと考えるのではなく、逆に自分を捨て、自然と一体になることを何より大切にしています。

そのために、まず離れなければならないのが「我見」というわけです。

たとえば、ポケットから財布を出そうとしたとき、百円玉が一枚落ちて、道路をコロコロと転がっていったとします。

そのとき、百円玉から眼を離さずに、あわててそれを追う——これが我見です。百円玉を見失うことはありませんが、コロコロ転がるそれを追うことだけに集中すると、周囲の人や物や車などに気がつかず、大ケガをすることもあります。

一方、我見を捨て自然と一体になった人は、百円玉を同じように「眼」では追いますが、あわてて追いません。百円玉の動きが止まるまで静かに成り行きを見つめ、周囲を見渡して状況を把握しながら、ゆっくりと確実に拾いに行くことでしょう。

このように自己中心的な考えや行動を捨て、自分と周囲を一つにして考える心をつねに持つ。それができるようになれば、人生は好転しはじめます。

じっくり本音に耳を傾ける

両手を打てば音がするが、片手では音は出ない。その片手の音をどのように聞くことができますか（その音のない音は、わたしたちそれぞれが自らの経験から生みだすもので、自らの肌でしか感じ取ることができません）。

——白隠《はくいん》

これは白隠禅師《ぜんじ》の「隻手《せきしゅ》の音声《おんじょう》」という公案《こうあん》で、今日では「THE VOICE OF ONE HAND CLAPPING」と訳され、禅に興味を持つ欧米人にもよく知られている教えです。公案とは、禅の修行者が悟りを得ているかどうかを認めるために出される問題のことで、その面白味はいわゆる模範解答がないところ。与えられた公案を、それぞれが自分の心の中で真剣に考え抜き、その上で見つけだした自分のオリジナルの答えが師に認められれば、それが答えになるというわけです。

考えてみると、わたしたちが生きていく道で出合うさまざまな問題も模範解答などはなく、自分で導きだした答えが、そのまま結果となって現れます。ですから、この「隻手の音声」の答えは、自分の心で、じっくりと考えてみてください。

たとえば、手から音が出るのは、右手と左手が合わさったとき。その二つの関係が一つになったときに、はじめて拍手の音は生まれます。そうした関係性から考えると、片手がなければ音は生まれない――とすると、片手にはすでに音を生みだす音なき音がそなわっているわけで、その音は、自分にとって何なのか……というように。

そんな音なき音、声なき声を聞こうと、静かに自らの心の耳を研ぎ澄ませたとき、すべての本音が聞こえてきます。あなたは自分の本音が聞こえていますか？

誰もが一人で生きている

人間は、生まれてくるときは必ず一人です。また、死ぬときも独《ひと》りです。一つの身体で生まれ、その一つの身体が死んでいく。だから、自分以外の人とともに住んで生活をしていても「ひとり」ということは変わりません。

――一遍《いっぺん》

鎌倉時代中期に時宗《じしゅう》を開いた一遍の言行録『一遍上人語録《しょうにんごろく》』にある教えです。生涯自分の住む寺を持たず、諸国をめぐり歩いて民衆に念仏踊り（現在の盆踊りの元祖）を教えて念仏を教化した一遍。彼は死の間際にいっさいの所持品を残らず焼き捨てて『阿弥陀経《あみだきょう》』をとなえて念仏をしながら亡くなったといいます。

現代を生きるわたしたちは、自分がいったん獲得したモノに執着《しゅうちゃく》を持ち、なかなか手放せなくなります。さらにその執着が強ければ強いほど、自分の生活スペースがもので占領されていき、足の踏み場もないほどモノだらけになってしまうようです。

しかし、そうして溜めた執着物（趣味のもの、財産、権力、名誉など）は、どんなに多く溜めても、あの世へは一つも持って行くことはできません――人は皆、丸裸でこの世に生まれてきたように、死ぬときも何も持たず、身体さえ残さず、独りであの世へと旅立つ――それは誰一人破ることができない法則だからです。

一遍は、その自然の法則を自覚し、生涯「ひとり」を楽しんで人生を歩んだ人です。

世間の人は「ひとり」というと、とてもさびしいイメージを感じるようです。でも、それが本来の人の姿なのです。そして「ひとり」を楽しむことができる知恵の教えが〝仏法〟であり、その心のさびしさを救うのが物ならぬ、〝仏〟なのです。

眼を見れば何でもわかる

わたしたち人間一人ひとりの五尺六尺（身長のこと＝身体全体の意）の魂も、一尺（三〇・三cm）の一面《かお》に表れるもので、わずか一尺たらずの顔に表れる魂も、一寸（三・〇三cm）の眼のうちにおさまっているものです。

――日蓮《にちれん》

この教えは、日蓮が弟子の妙法尼《みょうほうに》へ送った手紙の有名な一節です。妙法尼とは、夫と兄を失って日蓮に師事して出家した信仰心の厚い直弟子《じきでし》の一人。日蓮はこのようにさまざまな人と手紙のやり取りを通して、素敵な教えを数多く残しています。

「目は毫毛《ごうもう》を見るも睫《まつげ》を見ず」「目は心の鏡」という眼（目）を使った対称的なことわざがあります。前者は、自分の眼は毫毛（細かい毛）さえ見ることができるのに、自分のまつ毛は見ることができないという事実から「欠点など他人の細かい点はよくわかるのに、自分自身のことになるとなかなか気づかない」という意味です。

後者は、眼はその人の心を映す鏡のようなものということから「眼を見るとその人の心のほどがよくわかる」という意味で、昔から世界中で使われていることわざです。

わたしたちの眼は、鏡に映った仮の自分の眼を見ることはできますが、実際の自分の眼を見ることはできません。人間は身体構造上そうなっているので、いつも自分以外の人や世の中のことに眼が向き、ついつい余計なことを考えてしまうようです。

そんなとき、あなたは自分がどんな眼をしているのかを意識したことがありますか。どんなに巧みな詐欺師も一瞬の眼差しに悪意が表れるそうですが、大らかな心を保つ努力を続ける人の瞳は、つねに仏のように強くやさしい輝きを発しています。

調子が良いときこそ……

人は昇り調子にいると、調子に乗って舞い上がってしまい、落葉があることを忘れてしまうものです。何事もいつかは落葉のように落ちるものと慎《つつし》みの心を持ち続ける。調子の良いときにこそ、その心を忘れてはなりません。

――蓮如《れんにょ》

『蓮如上人《しょうにん》御一代《ごいちだい》聞書《ききがき》』にある教えで、現実に対応させて、誰にでもわかるように仏法の教えを説いたといわれる蓮如の魅力が表れていることばの一つです。

よく「人生は山あり谷あり」というように、昇り調子と感じるときがあれば、必ず下り調子が訪れるものです。しかも、昇りがなだらかに調子よく昇れたからといって、下りもなだらかに降りられるわけではなく、一瞬にして崖から真っ逆さまに落ちることもあります。だから「つねに自分の足元を見て慎んで歩きなさい、いつかは下りを歩むのが自然なことだと自覚しなさい」と蓮如は教えたのでしょう。

古代インドの仏教説話集『ジャータカ』の中に次のような話があります。

ある人が豆をふかしていると、一匹の猿がやってきて、その豆を口いっぱいにほおばり、さらに手にも持てる限りの豆をつかんで、すばやく木の上にかけ戻りました。してやったりと満足げにしていると、ふと手の間から一粒の豆が地面に落ちます。すると、猿は口や手の中にあった豆をすべて放りだし、あわててその一粒を拾いに木から飛び降りて懸命に探しますが、いくら探しても見つかりません。わずか一粒のためにすべての豆を失った猿は、やがて探すのをあきらめ、さびしそうに木の上に戻りました。この猿に少しでも慎む心があれば、すべてを失うことはなかったでしょう。

「逆境」に遭ったとき

逆境は自らを育てますが、順境ではそれが難しいものです。問題を避けて通ったり、ただ私心を殺して忍の一字で堪《た》えるのではなく、その境遇に置かれた原因を考えて究明する。そうすれば、逆境は自分の利となるのです。

——一絲《いっし》

江戸時代に天才的な説法で禅の真髄《しんずい》を説いたと伝えられる一絲禅師《ぜんじ》の教えです。

自らの心を見つめて精神統一をする〝禅〟は、静かにものごとを深く考えるという意味から〝静慮《じょうりょ》〟とも表します。実は逆境の中でこそ、静慮という表現はふさわしく、できる限り心を平安にして思索することによって、わたしたちは逆境を跳ね返す力（知恵）が得られるのです。

現代は「生きる希望が持てない時代」といい、「癒し」という言葉をもてはやし、逆境を避けて通ることを当然のように考えている大人や子どもが増えています。

一見すると、人間として正しいことのように思えますが、これは禅的な考え方だけでなく、心理学的に見ても、問題のある行動なのだそうです。

自分の心の中でストレスや欲求不満に堪えたり、抵抗したりする心の力を心理学では「フラストレーション・トレランス（欲求不満耐性）」と呼んでいます。逆境を避けてばかりいると、この心の力が大人の場合は弱体化していき、子どもの場合はその力が強く育たなくなるばかりか、不満や不安が生まれると自分では制御できなくなり、その思いをストレートに他人や周囲のものに平気でぶつけるようになるそうです。

苦難こそ心を大きく育てる機会と考えて、あわてず知恵を使って乗り越えましょう。

「一期一会」と考える

ただ一度の違いが、生まれてから死ぬまでの違いになり、ただ一度の心がけが、一生涯の心がけになることがあります。このように、人は一度の違いのまま命が終われば、取り返しのつかないことをもたらすことがあるのです。

――蓮如《れんにょ》

「こんなことになるんなら、あんなことをいう（行う）んじゃなかった……」

葬儀の場にいると、親族や知人の方がこんな独り言を囁《ささや》いていることがあります。たぶん、亡くなった方と最後に会った際に、思いやりのないことをしてしまって、いつか謝ろうと思っていたのに、謝れぬまま永遠の別れとなったのでしょう。

たいがいの人は、突然死ぬことなど「自分には起こらないこと」と思っていますが、実際は決して他人ごとではありません。

自分の寿命がいつ終わるかもわからないのに、安易に「次がある」と考えてはいけない。何ごとも機会はつねに大切にする――それが右に紹介した教えです。

「一期《いちご》一会《いちえ》」という同意の格言がよく知られています。これは千利休《せんのりきゅう》の弟子で安土桃山時代の茶人・山上宗二《やまのうえそうじ》が、自らの著書『山上宗二記』の中で「一つの出会いを大切にして、悔いのないように茶をたてる」という茶会の心構えを「『一期に一度の会』と見える」と表した記述が出典とされています。

一見すると「はじめて出会う人を大切にすること」のように思えますが、本意は少し異なります。朝目覚めてから、夜寝るまでに出会う〝すべての人〟、自分が行うべき〝すべてのものごと〟を大切にすること。悔いのない生き方はそこから始まります。

災難が訪れたとき

災難が訪れたならば、災難に遭《あ》えばいい。死が訪れたならば、死ねばいい。逃れることのできない事態に遭遇したときには、あわてずにその中で天命を待つという落ち着いた心構えが、災難を逃れるもっとも優れた方法です。

――良寛《りょうかん》

江戸時代の禅僧であり、歌人、書家としても人々に尊敬された良寛の名言です。生涯、寺を持たず、托鉢《たくはつ》によって生活した良寛は、形式ばった教えは説きませんでした。しかし、彼の詩や書から、庶民は仏法に感化されて尊んで信仰したといいます。

右に紹介した教えは、その良寛が友人に宛てた手紙の中に記されていた一節ですが、次のようなエピソードも伝えられています。

ある日、村人の一人が良寛を訪ね、こんな相談をしたそうです。

「わたしは、いつも人に気兼ねをしてしまいます。どうすれば気兼ねをしないようになれるでしょうか」

すると良寛は、笑顔を浮かべてこういいました。

「人がつんとしていたら、自分もつんとしていればいい」

村人は、その意味をすぐに理解できませんでしたが、それを日々考え行ううちに意味がわかり、やがて人と気兼ねなく、楽につき合えるようになったそうです。

ピンチで動揺するのも、人に気兼ねをするのも、その原因は周囲の状況や人の態度にまどわされてしまうからです。そうならないためには、目先のことにとらわれず、自らの心をその場に据えて落ち着けること。静かな心が前途に光明《こうみょう》を見出します。

決して忙しくしない

世の中には、いつも忙しそうに走り回る人、さまざまな知識をただ増やそうとする人がいます。でも、そんな人たちは、自分のほんとうにやるべきことを知らない人が多く、自分の歩むべき道からかけ離れてしまうものです。

――寒山《かんざん》

中国唐代の禅僧・寒山の詩を中心に編集した詩集『寒山詩』にある教えです。

世俗から離れて山に住んでいた寒山が、たまに山を下りて世間を見渡すと、ただ多忙な人や知識を自慢する人ばかりが目についたのでしょう。自分の歩むべき道から離れていく〝迷い人〟は、いつの時代も、また世界中どこにでも数多くいるものです。

中国の昔話にこんな話があります。ある家族の飼っていた一匹の羊が逃げだしたので、その家族は一同で探しに出ました。その際に、隣人にも「あなたも探すのを手伝ってください」と声をかけました。「一匹の羊なのに、どうしてそんな人数が必要なのですか?」と隣人が質問すると、その家族は「分かれ道がたくさんあるからです」と答えました。しばらくして、その家族が帰ってきたので隣人が「捕まえましたか?」と聞くと、疲れた顔をした主人がこう答えたそうです。

「分かれ道があるので、大勢を連れて行ったのですが、その先にはさらに分かれ道がたくさんあって、結局、羊がどこへ行ったのかはわかりませんでした……」

この話から生まれたのが、日本でも使われている四字熟語「多岐《たき》亡羊《ぼうよう》」です。

何事も余計に手を広げすぎたり、その枝葉や些細なことにこだわりすぎると、結果的には何も得られないものです。つねに自分の足元を見て生きましょう。

財産を活かす、人を活かす

自分の持っている蔵の中にいくら財産を持っていても、身体が弱くては、その財産を活かすことはできません。
また、どんなに健康な身体を持っていても、心がしっかりしていなければ、人生を活かすことはできません。

――日蓮《にちれん》

日蓮が、鎌倉の四条金吾《しじょうきんご》（頼基《よりもと》）に与えた手紙『崇峻《すしゅん》天皇御書《ごしょ》』にある教えです。崇峻天皇とは、六世紀中期の欽明《きんめい》天皇の皇子で、蘇我馬子《そがのうまこ》に擁立《ようりつ》されて即位したものの、のちに反目《はんもく》されて非業《ひごう》の死を遂げた天皇です。日蓮はこの手紙の中で、その崇峻天皇と四条金吾の気骨で短気な性格が相通じるので、同じように人生を誤らないようにと、とくに瞋恚《しんに》（怒りや恨み）を持たないようにと教えています。

世間で「財産」というと、大概の人は「お金」や「健康」をイメージしますが、なぜか「心」（心配がない安心の状態）をイメージする人はほとんどいません。

中には、「健全なる心（精神）は、健全なる身体に宿る」ということばを熱弁する人もいますが、この慣用句、実はローマの詩人・ユウェナリスの『風刺《ふうし》詩集』にある詩で、本来は「健康な身体に宿る健康な精神を願う」という意味。つまり、一般的に使われている「人間は身体が健康であってこそ、心も健全になる」という意味とは大きく異なるのですが、その本意を知る人は少ないようです。

健康な心を願い、それを得るには、怒りや恨みをできる限り忘れてしまうこと。怒りや恨みのない心は、ストレスがないので身体を健やかにし、その身体が自らの知恵によって働いて日々安心の生活が送れる――それが、わたしたちの真の財産です。

「願う」前に「感謝する」

事の成就《じょうじゅ》を、仏に誓いを立てて願わなければ、牛が手綱《たづな》で人の思い通りに動かされてしまうように、自分の行くべきところへたどり着けない。願ってやるべき修行を実践すれば、その願いをかなえるところに至るものです。

——智顗《ちぎ》

中国・天台宗《てんだいしゅう》の教義をつくり上げた智顗が、止観《しかん》（坐禅）に基づく天台宗の修行の実践方法を説いた『摩訶止観《まかしかん》』にある教えです。

現代の日本人の神仏への祈りを、ある宗教評論家は「自動販売機の祈り」と解説しています。わずかな賽銭《さいせん》を払って願いごとをすれば、まるで自動販売機に小銭を入れて缶入り飲料水が出てくるように、自分の願いごとがかなうと思っている――そんな自分勝手な利益重視の祈りが、いまの日本人の祈りの姿というわけです。

では、昔の日本人は神仏に対してどんな祈りをしていたのかというと、まず「感謝の祈り」です。自分が生きるためのものをもたらしてくれる自然や亡くなった先祖を神仏と考え、その存在に感謝の気持ちを捧げ、その後に自分の個人的な願いごとをしていたといわれています。

日本は信教の自由な国なので、神仏への祈りについて簡単に正誤をいえません。ですから、どんな祈りをするかは、基本的に神仏に手を合わせる人の自由……。

でも、神仏に祈るのは「日頃の感謝」。願うのは「見守ってもらうこと」。そして、個々の願いは「『自分のできる努力（修行）を積極的に実践する』ことを誓う」という祈りが、より現実的で、もっとも願いがかなう祈りとなるでしょう。

3章

ほんわか

と、温まることば

人にやさしく、自分にもやさしく

仏さまは「すぐそばにいる」

わたしたちが仏を拝めば、仏はその姿を見つけます。わたしたちが仏をとなえれば、仏はその一人ひとりの声をしっかりと聞き取ります。わたしたちが一心に仏を念じれば、仏もわたしたちのことを念じてくれるのです。

――法《ほう》然《ねん》

釈迦《しゃか》は、仏法を悟って自らの心（知恵）を磨く大切さを教え、出家してその修行に専念すれば〝苦しみ〟の世界（輪廻《りんね》の世界）から解脱《げだつ》できると説きましたが、今日のように「神仏を拝む」というような他人まかせの教えはいっさい説いていません。

仏教に「神仏を拝む」という信仰スタイルが取り入れられたのは釈迦の入滅《にゅうめつ》後で、どうしても出家ができない信者のために加えられた教えなのです。

〝念仏《ねんぶつ》〟はその数ある教えの中の一つです。西方《さいほう》に「極楽浄土《ごくらくじょうど》」という楽しくてすばらしい世界がある。そこは、すでに悟りを開いて輪廻の世界を解脱した阿弥陀仏《あみだぶつ》の世界で、出家して修行ができない人も、その仏に願えば極楽浄土へ往生《おうじょう》できる。だから、極楽浄土や阿弥陀仏をイメージして〝仏を念じなさい〟、イメージできなければ「南無阿弥陀仏《なむあみだぶつ》」ととなえて一心に〝仏を拝みなさい〟という教えです。

この教えがはじめて日本へ広まったのは、戦乱、地震、台風、飢饉が相次いで起こり、人の心が不安にさいなまれていた鎌倉時代。そのキーワードを換言すると、社会不安、天変地異、食糧難……不思議なことに現代も同じ状況にあることがわかります。

何か心細くてしかたがないとき、この法然の教えを信じて「南無阿弥陀仏」ととなえてみてはいかがでしょう。あなたのことを見つけてくれる仏がいるのですから。

一滴一滴の水が、水瓶を満たす

「その報《むく》いはわたしには来ないだろう」と思って〃善《ぜん》〃を軽く見てはいけません。水が一滴ずつ滴《したた》り落ちれば、水瓶も必ず満たされます。賢い人は、水を少しずつ集めるように〃善〃を積むので、やがて福徳《ふくとく》に満たされます。

——釈迦《しやか》

これは、釈迦の教えのことば（詩）をまとめた『ダンマパダ』（『法句経《ほっくきょう》』）というお経にある教えで、この詩の前には、次のような教えが記されています。

「その報いはわたしには来ないだろう」と思って〝悪〟を軽く見てはいけません。水が一滴ずつ滴り落ちれば、水瓶も必ず満たされます。愚かな人は、水を少しずつ集めるように〝悪〟を摘《つ》むので、やがて災《わざわ》いに満たされます。

〝善〟と〝悪〟の判断は、その時代の社会情勢や環境によって異なり、また日常での細かい分別は、個人個人が心の中で行っているので微妙に違います。そのため、ものごとを一概に「これが善」「これが悪」と大別することはなかなかできません。

だから、わたしたちは、善いことをするときは他人の目が気になって遠慮がちになり、逆に悪いことをするときは「悪い」と思っても「これくらいは許されるだろう」と安易な判断をして他人の目を忘れ、ついつい悪さをしてしまう。そんな小さな善悪の〝心の葛藤《かっとう》〟を「適当に考えてはいけない」と釈迦は教えたかったのでしょう。

近代心理学者ウィリアム・ジェームズの「習慣は人間の運動を単純化し、正確にし、かつ疲労を軽減させる」ということばを加味して考えると、わたしたちは、少しでも善を行い続ければ、〝心の葛藤〟は単純化され、心は元気で満たされていくようです。

ご利益に大・小はありません

仏さまや僧侶《そうりよ》たちへのお布施《ふせ》の多い・少ないによって「仏さまのご利益の大小が異なる」と説くのは間違った教えです。仏法の基本は分別をしないことですから、仏がご利益の大小を分けることなどは決してないのです。

――親鸞《しんらん》

キリスト教のカトリック神学では「免罪符《めんざいふ》」というものが認められています。キリスト教では〝罪のある者は天国へ行けない〟とされているので、罪を犯したキリスト教の信者はその罪から免《まぬか》れたいと願う。免罪符はその願いからつくられたもので、文字通り「罪を免じた符《しるし》（正しくは罰を免じた印《しるし》で、罪を免じたわけではない）」なのです。免罪符は、当初は自ら善い行いをして、祈りや断食を実践することで得られるものでした。しかし、時代の流れとともにその実践は形骸化し、やがて教会への献金、つまり「お金を払えば買えるもの」になっていったのです。

一方、仏教の寺院も信者から献金を受けたり、仏像の前に賽銭《さいせん》箱を置いています。仏教を知らない人は「地獄の沙汰も金次第」、免罪符どころか「お金を払えば、自分の願いごとをかなえてくれる」と思っているようです。

ところが、仏さまは分別をいっさいしない存在。人々を分け隔てなく救済するので、お金の大小どころか有無さえ関係ありません。寺院や仏像への金銭の布施は本来、仏さまに見返りを求めるものでなく、僧侶の〝修行〟を支えるものなのです。

右に紹介した教えは『歎異抄《たんにしょう》』にある教えです。この語録は、親鸞亡きあとに信徒間で誤った教えが説かれ、それに対し正統な教えを示す目的で編纂《へんさん》されたそうです。

他人の花を咲かせましょう

なるべく悪いことは自分へと向かえて、好《よ》きことを他に与えましょう。自分を犠牲にして、他人に尽くすのはなかなか難しいことですが、そのように自分を忘れて他の人を利することは慈悲《じひ》の極みであり、行うべきことです。

――最澄《さいちょう》

山家《さんげ》（天台宗《てんだいしゅう》）で修行する僧侶の修行規範を厳しく定めた最澄の著書『山家学生式《がくしょうしき》』に記された教えで、自分の修行のための〝戒律《かいりつ》〟を重視していた日本の仏教が、他者への慈悲を重視する〝利他《りた》〟の仏教へと変わる、一つのきっかけとなった考え方です。

「悪事を己《おのれ》に向かえ、好事を他に与え、己を忘れて他を利する……」

原文にはこのように書かれていますが、出家して仏道を究《きわ》めようとする僧侶でも、これを日常の修行生活でつねに実践するのは難しいことだといいます。

数年前に大ヒットして、今日では学校の教科書に掲載されている「世界に一つだけの花」という歌は、「もともと特別なオンリー・ワン（唯一のもの）」という歌詞で世間の人々の共感を得ました。この歌詞のように、他人より、まずは自分の花を咲かせたいと考えるのが人間本来の心情でしょう。

ところが、たとえオンリー・ワンでも自分が花になると、その間は華やかさをできるだけ保とうとする。そのため心は癒されるどころか、一時も休めなくなるものです。

ほんとうの心の安らぎというのは、自らが花になるだけではなく、ほかの花を咲かせたり活けたりすることによって、その姿が輝きを持ったときに得られるもの。自分より、まず他からという心の余裕があればこそ、おだやかに感じられるものなのです。

「わかりやすい」のは「良いこと」

人に物事を教えるというのは、重くなった車の軸が油をさせばスムーズに走りだし、船が水に浮かぶとその流れに乗るように、相手がすんなりと理解できるようにと考えて、できる限り、わかりやすく説くことが肝心です。

——日蓮《にちれん》

日蓮は、「釈迦の教えは、唯一の正法《しょうぼう》である『妙法蓮華経《みょうほうれんげきょう》』（『法華経《ほけきょう》』の正式名称）に極まる」と解釈し、この経典の題目「南無妙法蓮華経《なむみょうほうれんげきょう》」をとなえることで、釈迦のいる霊山浄土《れいざんじょうど》へ到達できるという〝新たな仏教観〟を説いた人です。

その教えがあまりにもシンプルなので「日蓮の仏教観は安易」という人もいます。

しかし、彼は鎌倉時代に仏道修行の最高峰であった比叡山《ひえいざん》と南都（奈良）で本格的に修学し、数多くの経典を知り尽くした上で『法華経』を選び考えた――この時代（鎌倉時代）に学問ができるのは権力者だけで、文字すら読めない人が大半を占めている。そんな世の中で、難解な仏教の教え、『法華経』の教えを誰にでもわかるように説くにはどうすればいいか――その答えが「南無妙法蓮華経」の教えなのです。

現代の日本は、識字率が九割を超え、テクノロジー（科学技術）の急速な発展により、さまざまな情報を簡単に手に入れることができます。その反面、情報を集約して伝えることが難しくなり、人に物事を教えるにはテクニックが必要になっています。

その簡潔化の技術を日蓮に学ぶなら、まず教える内容を自らしっかりと理解する。次に内容をすべて語らず、キーワードだけを教えて、その意味を相手に考えさせる。そして相手の理解度に合わせた内容を選び、ていねいに説いていくのがポイントです。

しゃべりすぎないことが肝心

「ことば」は、ことばの碇《いかり》を用いて発言を慎《つつし》むことが大切です。いうべきことは、堂々と発言し、いうべきでないことは、そのことばに碇を下ろす。また、いっても、いわなくてもよいことにも、碇を下ろし沈黙しましょう。

——釈迦《しゃか》

〝ことば〟というものは不思議なものです。まるで天使が放った矢のように、人の心に深く突き刺さって愛情や生きる力をもたらすこともあれば、悪魔が放った矢のように、人の心を深く傷つけ、苦しめて失望や怒りを生む原因になることもある……。それは、わたしたちが何の気なしについ口にしたことばも同様で、ときに人を慰め、ときに人を傷つけているわけです。

つまり、ことばは〝諸刃《もろは》の剣〟――相手によって使い方に気をつけるべきもの――であり、特に指導する立場にある人は、自らのことばに深い考えと慎みを持たせなければなりません。そのことを誰よりも理解していた釈迦は、同じ教えを説くにしても、相手によってことばを選び、それぞれがもっとも理解しやすい表現を用いたそうです。

日本のことわざにも、次のようなことばの使い方を戒めるものがあります。

・ことば多きは品少なし（おしゃべりな人は品がなく、軽薄である）

・ことばは心の使い（心に思っていることは、自然とことばに表れる）

どちらも単なることわざではなく、現代でも人を知る際に使える金言です。世間で「賢い」「尊敬できる」といわれる人は、まずこの二つを感じさせず、ことばを発するより、〝ことばの碇〟を上手に下ろせる人に多いようです。

「わからない」とき

仏法の教えでわからないことは、どんなことも人に詳しく尋ねましょう。仏法の教えを心得ている人でありさえすれば、誰彼の別なく尋ねましょう。仏法は、知っていそうにもない人のほうが、かえって知っているものです。

――蓮如《れんにょ》

蓮如の言行録『蓮如上人御一代聞書《しょうにんごいちだいききがき》』にある一節で、信者に対して教義をわかりやすく説くことを心がけていた蓮如らしい教えの一つです。

蓮如は浄土真宗《じょうどしんしゅう》本願寺《ほんがんじ》第七世・存如《ぞんにょ》の庶子《しょし》として生まれたため、父・存如に師事したのは、比叡山《ひえいざん》や奈良で仏教の基礎を学んだあとといわれています。

つまり、蓮如は浄土真宗《じょうどしんしゅう》の宗祖・親鸞《しんらん》の教えだけを学んだのではなく、若き修行時代には、他宗のさまざまな僧侶たちから仏法の教えを、自分から積極的に学んでいた――その実体験から右に紹介した教えは語られたようです。

昔から「人は歳を重ねれば重ねるほど、自らの経験や体験で研鑽《けんさん》した、さまざまな知識や知恵を持つ」といわれています。しかし、その一方で「人は歳を重ねれば重ねるほど、『知識や知恵がないと思われたくない』と考えるようになり、安易に〝知ったかぶり〟をすることが多くなる」という戒《いまし》めのことばも語り継がれています。

たぶん蓮如は、師にもそうしたタイプの違いがあることに気づいていたのでしょう。一人の師（一冊の本）の教えが、必ずしもすべて正しいとは限らない。だから、自分の知りたいことは偏見を捨て、それをよく知る人たちに数多く尋ねてみる。正しい知識とは、ただ他人に教わるのでなく、その答えの中から自分で学び取るものです。

ただ、精いっぱい生きる

あの木の葉の間にある花を見てみなさい。あの花は美しさをいつまで保てるでしょうか。今日、誰かに切り取られるか、明日、掃《は》き捨てられるかもしれない命なのに、それぞれが精いっぱいの力で見事に咲き誇っていますよ。

――寒山《かんざん》

この教えは、中国唐代の伝説の禅僧・寒山と拾得《じっとく》、そして二人の師とされる豊干《ぶかん》の詩を編纂した詩集『寒山詩』にあるものです。

日本では、仏教のお坊さんの仕事といえば「葬儀や供養」がメインとなっていますが、本来の僧侶の仕事は、自ら出家修行をして「仏法の悟《さと》りを得る」こと。また「仏法の教え」や自ら悟った「仏法の知恵」を世間の人々へ説くことです。

ところが、禅宗の僧侶の中には修行をして悟りを得ても、自ら会得した「仏法の知恵」をほかの人々へ伝えることはいっさいせず、自分だけで悟りの心を楽しむ人がいます。その〝風狂《ふうきょう》〟の禅僧の代表格として伝えられているのが、寒山と拾得です。

彼らはその伝説の中で、奇行が多い脱俗的人物とされていますが、彼らの遺《のこ》した詩の中には、とても自然で、心に安らぎを与えるものが数多くあります。

花が美しく咲き誇るのはわずか数日。「花一時、人一盛り」という古言にもあるように、わたしたち人間の盛んなときもごくわずかな短い一時期しかありません。

だからこそ、人間は盛りの短さを悲観するのではなく、命ある限り自分の精いっぱいの力を出して生きる――「そのほうが人生は楽しいぞ」――右に紹介した教えから、そんな悟りの心を楽しんでいる寒山と拾得のたのもしい声が聞こえてきます。

小さなことは「気にかけない」

春は種々多くの花が咲き、秋は月が美しく輝いて、夏は涼しい風が吹き、冬は冷たい雪が降るものです。わたしたち人間がつまらないことを、いちいち心にかけなければ、この世の中はいつでもすばらしい季節となります。

——無門《むもん》

中国宋《そう》時代の禅僧・無門が、古来の禅の公案《こうあん》を独自に四十八則だけ厳選し、それぞれに評釈《ひょうしゃく》（批評や解釈を書き添える）した著書『無門関《むもんかん》』。右に紹介した教えは、その十九則「平常是道《びょうじょうぜどう》」にあることばです。

十九則は、趙州《じょうしゅう》という僧が「仏道とは何か？」と問い、南泉《なんせん》という僧が「平常心是道《びょうじょうしんぜどう》（日常生活の心こそ、仏道である）」と答えるところから始まります。詳細については割愛しますが、二人はさらに「平常心（日常の心）は、どうすれば得られるか」という問答を展開し、無門がそれに対して「平常心はそう簡単に得られるものではない。誰でもすぐに得られるなら、昔から禅僧は修行などしていない。心にとらわれるな」という意味の批評を加え、右に紹介した詩を添えています。

禅の公案は、参禅者にものごとの考え方を工夫させるクイズのようなものですが、決まった答えは存在しません。個々で真剣に考え抜いた答えが正解に近づいていくもので、素直な心で納得できるものを自分で見つけだしたものが答えとなるのです。

問題があるとき、それを考え続けてその考えを突き抜ける。つまり、逃げずに立ち向かい続けてそれを超えると、小さなこと、つまらないことを心にかけなくなります。

そのとき、人はつねに自然のままであることの大切さに気づくようです。

「味方」よりも「敵」から学ぶ

世の中をよく見ると、すぐに味方になったり、何でもひいきをしてくれたり、仲間のふりをする人たちよりも、自分のライバルや強敵になる人のほうが学ぶことは多くあるもので、自分自身をより一層向上させてくれます。

――日蓮《にちれん》

夫に先立たれ、子の弥四郎も若くして失っても、その純真な信心をまっとうした安房《あわ》の国（現在の千葉県）の光日房《こうにちぼう》に与えた書簡《しょかん》の中で、日蓮は自ら記した『立正安国論《りっしょうあんこくろん》』の内容の正しさやそれまでの自分の人生の振る舞いについて述べています。

右に紹介した説法は、その手紙の一つに記されているもので、前文には「釈迦にとっては、提婆達多《だいばだった》こそが一番のよきライバル（この書簡ではライバルの意を「善知識」と日蓮は表現しています）であったように……」と綴《つづ》っています。

提婆達多とは、幼少の頃から釈迦に強いライバル意識を持っていた従兄弟。悟《さと》りを開いて多くの人々から崇拝されるようになった釈迦を妬《ねた》み、あの手この手で釈迦を殺そうとくわだてた〝極悪人〟と、釈迦の伝記には書き残されています。

ところが『法華経《ほけきょう》』の「提婆達多品第十二」には、釈迦が「自分が悟りを開くことができたのは、提婆達多がいてくれたおかげ」と自ら語り、恨むどころか、感謝の心情が表わされています。日蓮はこの経文から右に紹介した教えを学んだようです。

自分との関係がもっとも悪いと感じる人、あるいは自分の邪魔ばかりしてくる人は、もしかすると、あなたにとっての提婆達多かもしれません。その人から何かを学ぶことができれば、あなたの心はさらに大きく成長するでしょう。

学んで実践し、考えてまた学ぶ

学問を修《おさ》めるには、まず六年間は学習を中心に行い、傍《かたわ》らにその思索や実践を行う。その後の六年間は、その思索や実践を中心に行い、傍らに学習を続ける。どんな人もそのように十二年間取り組めば、効験は必ず現れます。

――最澄《さいちょう》

最澄が日本の天台宗《てんだいしゅう》を開くとき、仏法の修行内容や規則を明らかにするために著した『山家学生式《さんげがくしょうしき》』にある教えです。この著書は、日本の天台宗が奈良・南都仏教から独立した宗派であることを宣言した書物の一つで、「仏教の教えに基づいて自分から善行に努力する人」「自分の役割を誠実に務められる人」など人間の育成を目的として書かれたもので、その内容は次の一節から始まります。

「国の宝とは何か。宝とは、道を修めようとする心です。道を修めようとする心を持つ人を名づけて『国の宝』といいます。昔の人はこのようにいっています。『人々を魅了する宝石、それは、ほんとうの国の宝ではありません。社会の片隅にいながら、社会を照らす生き方をする。その人こそが国の宝である』」

現在の日本の教育制度は、奇しくも六・三・三の十二年間が基本とされています。ただし、これは最澄の教えとは関係なく、第二次世界大戦後に定められたもので、大学進学だけを目標とする〝知識の詰め込み〟の温床《おんしょう》に成り下がった制度です。

人生に役立つ学問とは、ただ知識を学ぶだけでなく、知識を自らの言行で実践し、そこで足りない知識を習い、自分の知恵にしていくこと。その繰り返しで、人は自分の修めるべき道を歩む〝自信〟が持てるようになるのです。

この世に「他人」などいません

この世の中のすべての男性はわたしの父であり、すべての女性はわたしの母です。このように、すべての生きとし生けるものは、わたしの両親であり、先生です。なぜなら、前の世では父母であったかもしれないからです。

——空海《くうかい》

密教《みっきょう》の根本経典に、悟《さと》りの心や瞑想《めいそう》の方法を記した『金剛頂経《こんごうちょうきょう》』（正式名称は『金《こん》剛頂《ごうちょう》一切如来真実摂《いっさいにょらいしんじつしょう》大乗《だいじょう》現証《げんしょう》大教王経《だいきょうおうきょう》』）というものがあります。右に紹介した教えは、そのお経を空海が解義した『教王経《きょうおうきょう》開題《かいだい》』に解かれているものです。

現代は「相手は誰でもいい」という通り魔的犯罪行為が一つ起こると、それを真似るかのような事件が連鎖的に起こる傾向があります。そうした身勝手な犯罪を強行する人には、自分で強い痛みを体験したことがなく、相手の苦痛を自らの苦痛として感じられないという、偏《かたよ》った性格的特徴が共通しているそうです。

そうした性格形成の要因は、親の過保護、社会環境の変化による他人との関係の軽薄化など今日の社会のゆがみに問題があるとされています。ところが、心理学の世界では、半世紀以上も前に「人間は、相手の顔が見えなければ（相手を知らなければ）、いくらでも残忍になれる」ということがミルグラムの実験で証明されていたそうです。

つまり、人間は「見知らぬ他人には残虐になれる」可能性を秘めているということですが、空海はそんな人の悪しき本質に平安時代から気づいていた。だから、すべての他人を前世で愛した両親と思えと空海は説いたのでしょう。この世の他人が知人となり、心にある残虐性が慈悲へと変わることを願って……。

あなたの運はもっと良くなる

自分の人生が思い通りにいかなくても、それは運命のせいではありません。何事もわたしのせいだということを心得ておかなければいけません。人のいう「運命論」はいいかげんなもので、運命は自分次第のものなのです。

――沢庵《たくあん》

沢庵は、織田信長と豊臣秀吉の滅亡を見つめ、その後二六〇年以上続く徳川時代の到来を体験した禅僧です。激動の時代の中で生きたにもかかわらず、彼は自らの知恵を高めるため、禅以外の教えも積極的に学び、特に儒教《じゅきょう》や老荘《ろうそう》思想に造詣《ぞうけい》が深く、和歌や茶道、書や絵にも優れた才能を発揮したと伝えられています。

そんな稀《まれ》に見る体験や豊かな知恵を有する沢庵は、著書『東海夜話《とうかいやわ》』の中で、老子《ろうし》の思想を「自分や他人を競争に駆り立てる知識」と批判し、人を不幸にする原因は「愚痴《ぐち》」であると明言しています。

沢庵の示した愚痴とは、一般にいう「いってもしかたのないこと」「なげくこと」ではありません。仏教用語の「愚かなこと」「無知で道理を理解せず、すべての行動を誤らせること」という意味の考え方。つまり、自分の知らないことを学ぼうとせず、正しい筋道や論理を理解しようとしないことが、不幸を招く原因というわけです。

右に紹介した教えは、沢庵が弟へ送った手紙の中に記されている一節です。人は、自分の思い通りにいかないことがあると、それを単純に運命のせいにして、その苦悩から逃れようとします。でも、その「運命のせいにする」行為自体が、沢庵の教える愚痴なのです。幸せは、愚痴をなくす努力によって、自らの知恵となって訪れます。

一瞬で心が通じる人と出会う

人が人を理解するというのは、必ずしも対面して長く話し合えば得られるものではありません。ほんとうに信頼できる人と巡り会えば、わずかなことばで心が通じ合い、お互いを理解し、一瞬にして深い信頼関係を築けます。

——空海《くうかい》

空海が書き残した詩歌や皇室への奏上文《そうじょう》などをまとめた『性霊集《しょうりょうしゅう》』は、〝超人〟としての空海ではなく、〝人間〟としての空海の人生観、自然観、社会観などがうかがえる資料であり、またのちの僧侶たちが文章を綴《つづ》る際に手本とした漢詩文集です。右に紹介した教えはその中の一節を現代風に意訳したもので、仏法を悟《さと》るために自らの人生を積極的な行動で切り開いた空海が実体験から学んだことのようです。

空海は、今日でいうなら地方の権力者の息子で、十八歳で都会へ出て官僚になるためにあらゆる学問を学び、そこで当時の最先端の学問である仏教と出合います。その教えに衝撃を受けた空海は仏教の修行を本格的に始め、やがて唐へ渡ります。この渡航は、当時の中国は日本人のあこがれる文化の発信地であり、また仏教の新たな教えとして伝わってきた「密教《みっきょう》」を直接学びたいという空海の〝意欲〟によるものでした。

中国密教の第一人者である恵果《けいか》は、空海のその意欲と心の器の大きさを見抜き、わずか二か月間で密教のすべての教えを伝授して、自らの後継者にしたのです。

意欲というのは「欲」という一字がつきますが、決して悪いものではありません。ものごとを積極的に成し遂げようとする正直な気持ちや正しい心の働きの意欲ならば、ことばにしなくても、それが他の心に伝わると「信頼」という絆《きずな》を結ぶからです。

「極楽浄土」は心の中にある

極楽浄土《ごくらくじょうど》とは、一つの決まった場所であると思えば、一つの確実な場所であり、決まった場所でないと思えば、決まった場所にはないものです。阿弥陀《あみだ》さまの世界であり、いつも自分の心の中にある世界でもあるのです。

――法然《ほうねん》

念仏とは、文字通り「仏を念じる」「仏をイメージ」するという意味ですが、実際には、それができる人とできない人がいます。

イメージできる人は浄土《じょうど》（仏の世界）に往生《おうじょう》できますが、イメージできない人は寄付をするなどお寺に対して善行を積まなければ往生できないと、昔は決められていました。つまり、浄土へ行けるのは、念仏をして仏をイメージできる僧侶と、お寺に寄付ができる裕福な人だけに限られていて、普通の人は救われないとされていたのです。

法然は念仏の教えにそうした偏《かたよ》りがあることを疑問に思い、さまざまな経典を読み探して、すべての人々を救う念仏を探しました。そして見つけたのが、誰でも「なむあみだぶつ」と口で称《とな》えれば、阿弥陀仏《あみだぶつ》がその声を聞きつけて、西方《さいほう》にある極楽浄土《ごくらくじょうど》に往生させるという口称《くしょう》念仏の教えだったのです。

現代の心理学では、同じことばを毎日何遍もとなえると、それが次第に意識下に影響を与え、心に直接暗示をかけることが知られています。法然の説く念仏もその一つと考えると、仏をイメージできない人も、一心に「なむあみだぶつ」ととなえ続ければ、自分の心に「阿弥陀仏の救いで極楽へ行ける」という暗示がかかり、安心を得られることがわかります。ことばはこのように使い方次第で、自らの心を救えるのです。

4
章

ほぉ〜っと、勉強になることば

困った時は「仏さまにお任せする」

死後より〝いま〟

いつの時代も世間の人は「仏教の教えは悟《さと》らなければ用いることができない」と思っています。しかし、仏教の教えというものは悟りの有無に関係なく、只《ただ》いまの自分の心によく用いて、いまある問題に役立てるものです。

――鈴木正三《しょうさん》

仏教というと「死んだあと、あの世で極楽《ごくらく》に往生《おうじょう》させてもらうための教え」と思っている——曹洞宗《そうとうしゅう》の禅僧・鈴木正三が活躍した江戸時代の世間の人々は、このように考え、また一四〇年後の現代人もそう考えている人がほとんどのようです。

もちろん、そうした考え方も間違いとはいえませんが、わたしたちにとって、ほんとうに大事なことは〝死後〟といういまだ見えない先のことより、いまこのときを〝生きている〟ということです。仏教の開祖・釈迦《しゃか》がもっとも大切に説いた教えは、「今日一日を大切に生きる」こと。そのために、わたしたちが只いま苦しんでいる問題を解決するための心のあり方や考え方を説いたものが仏教（仏法）なのです。

右に紹介した正三の教えは、その根本思想を改めて日本人に説法したものです。

仕事であれ、学問であれ、日常生活の過ごし方であれ、それが他人から見て、いかにくだらないものであったとしても、自ら一日一日を一生懸命にやって満足感を得る。結果よりも、その満足感を得ることができれば、その心に不安はなくなり、今日一日生きられたことを感謝できるようになります。そうした生き方ができるように、目前の問題を解決するヒントをはじめ、一生懸命になるための心のあり方や満足感を得るための考え方を説き、只いまの自分の心に役立つものが本来の仏教の教えなのです。

〝らしく〟生きる

人は「あるべきようわ（は）」という七文字を保つべきです。「あるべきよう」とは、自分が置かれている立場のこと。僧なら「僧らしく」、人の上に立つ人なら「人の上に立つ人らしく」して生きることが大切なのです。

――明恵《みょうえ》

これは華厳宗《けごんしゅう》の僧・明恵の『栂尾《とがのお》明恵上人遺訓《しょうにんいくん》』にある教えで、原文は「あるべきようわ」を「阿留辺幾夜宇和」と漢字で表し、さらに「このあるべきようを背く故《ゆえ》に、いっさい悪きなり」ということばが続いています。意訳すると、人はそれぞれの「あるべきようわ（現代語に当てはめると「それらしく」）」に生きるべきで、その「あるべきようわ」に背くから、すべてはおかしくなるという意味になります。

たとえば「最近の子どもは、子どもらしくない」という話をよく耳にします。日常的なことばづかいや礼儀作法などの生活態度をはじめ、昔の子どもが守っていたさまざまな社会ルールを平気で破っているというのが、その主な理由のようです。

でも、最近「らしくない」のは、ほんとうに子どもだけなのでしょうか。

子どもは、いつの時代も、どんな環境で育っていても、つねに親や周囲の大人たちをよく見ながら成長していきます。ということは、最近の子どもの「子どもらしくない」ところは、突如として発生したものではなく、最近の大人の「大人らしくない」ところをよく見ているからこそ、生まれているものと考えるべきでしょう。

大人のふりでなく、大人らしく生きる。自分の立場が○○ならば、○○らしく生きる――その懸命に「らしく」生きる積み重ねが、自分の自信や安心を生むのです。

サイの角のように自立する

仲間の中にいるとつねに人に呼びかけられるので、人に従属しない独立した自由をめざしなさい。音に驚かない獅子のように、網にとらえられない風のように、水に汚されない蓮《はす》のように、犀《さい》の角《つの》のように独《ひと》りで歩みなさい。

——釈迦《しゃか》

釈迦は「犀の角のように独りで歩みなさい」というたとえを、教えを説く際によく用いたことが伝えられています。この「犀の角」とは動物の〝サイの角〟のこと。そこには、仏法の修行者は他人からのほめことばや誹謗中傷《ひぼうちゅうしょう》に煩《わずら》わされることなく、犀の角が一本しかないように「独り自分の確信（釈迦の教えや仏法から学んだ自らの知恵による確信）に従って生きなさい」という意味が込められているそうです。

簡潔にいうと「自立して生きる」ということですが、これは仏教に限らず、一人前の人間として、万国共通の大人として、理想的とされる〝生き方〟の基本です。

いま、あなたはどのように人生を歩んでいますか。最近は、親離れや子離れができないまま互いに依存し、また周囲の人々にも安易に依存して、身勝手な甘えや過大な要求をする。それが自分の思い通りにいかないと、すぐに恨んだり、憎んだり、簡単に逆ギレをする〝自立して生きられない〟迷惑な人が増えています。

孤独は決して恐ろしいものではありません。自立した人は孤独を自ら受け入れて生きることができます。なぜなら、自ら孤独になることで、人々の温かさを知り、他者に対してやさしさを与えることができるようになり、孤独ではなくなるからです。

人が人生の妙味を味わえるのは、そんな「犀の角」の気高さを持ったときからです。

「受け皿」を持っているか

水を澄ませば、水面に月は映り、光り輝く。また、樹木を植えれば、その木にはさまざまな鳥たちがすみつく。このように、どんなにすばらしいものでも、その受け皿が整ってこそ、はじめてその本質が生かされるのです。

——日蓮《にちれん》

日蓮は、『法華経《ほけきょう》』こそ釈迦《しゃか》の教えと理解し、それを独自に整理した教えを広めるため、鎌倉幕府や権力者に信奉されていた僧侶たちへ国政や仏法の問題点について進言しました。しかし、その行為が逆に危険人物と判断されて弾圧され、二度の流罪の刑を受けてしまいます。この教えは、そんな日蓮が佐渡に流罪になったとき、寺泊《てらどまり》（現在の新潟県長岡市寺泊）の地で書いた手紙『寺泊御書《ごしょ》』にあるものです。

ものごとの真の価値は、人の心（知恵）や世の中（体制）という〝受け皿〟が整っているときは正しく理解されます。ところが、受け入れる器自体が整っていないと、その真価はなかなか理解されない――右に紹介した教えのように、それが現実です。

現代では欠かせないワクチン治療を発見したルイ・パスツールは、当時不治の病であった〝狂犬病〟を発症した犬に噛まれた少年にワクチンを接種し、初めてその病におかされた人命を救いました。世間の人々はその偉業を「奇跡」と讃《たた》え、ワクチンの真価を認めましたが、彼はそのことについて次のように語っています。

「奇跡や偶然は、準備のない者には微笑まないものです」

彼は日頃の研究で原因をウイルスと断定し、ワクチンの構想を持っていた――そうした大きな器の準備を整えていたからこそ、その真価を発揮できたというわけです。

いつでも「いまが一大事」

「一大事」とは、何かが起こったときのことではない。今日、只《ただ》いまの心のこと。只いまの自分の心を疎《おろそ》かにしては明日が訪れることはない。つねに只いまを一大事として精いっぱい生きる。それが何よりも大切なことです。

――正受《しょうじゅ》老人

正受老人は、臨済宗《りんざいしゅう》の中興の祖・白隠《はくいん》の師として知られる禅僧です。信州の小さな庵で、修行僧も一般の人も近寄り難い、厳しい修行生活をしていたといいます。

あるとき、一人の剣客《けんかく》の迷いをさまし、その技が大いに優れるようになったことから、藩士たちが剣の奥義を習おうと、正受のところへ集まってきたそうです。

その様子を見た白隠は、不思議に思って師にこんなことを尋ねました。

「禅の悟《さと》りはともかく、老師（正受）はどのように剣の奥義を体得したのですか」

すると、正受はこう答えたそうです。

「正しい眼力《がんりき》さえあれば、剣術だけに留まることはない。おまえはいつもわずかなことばを聞いただけで、すぐ思い違いをする。剣は来る道がはっきりとわかれば、その道の途中で打ち落とせるものだ。道が見えれば、万に一つの失敗もない」

正受は剣を向けられると、余計なことはいっさい考えずに、その剣が走る道だけに心を集中した。だから剣術経験はなくても剣を打ち落とすことができたのです。

逆に、心を集中すべきことに集中せず、あと先のことを考えたり、周囲の雑音を気にしたり、パニック状態に陥っていれば、道は見えなかったことでしょう。

一瞬一瞬を大切に事を成して生きていく……それが正受の説く「一大事」です。

師の教えを自分のものに

念仏は、ほんとうに浄土《じょうど》に生まれる種なのか、あるいは地獄におちる行いなのか、わたしにはまったくわかりません。しかし、たとえ法然上人《ほうねんしょうにん》にだまされて、念仏して地獄におちたとしても、わたしは少しも後悔はしません。

——親鸞《しんらん》

浄土真宗《じょうどしんしゅう》の開祖・親鸞の教えを記した『歎異抄《たんにしょう》』は、親鸞の死後に信徒の間で起こった異端の教えを歎《なげ》き、生前の親鸞の正統な教えを示す目的で編纂《へんさん》されたものです。

右に紹介したことばは、その中でも親鸞が自ら力強く語ったといわれる有名な一節で、このあとにはさらに次のことばが続いています。

「念仏以外の行《ぎょう》に励んで、仏になることのできる身でありながら、念仏をしたために地獄におちたということであれば、法然上人にだまされたという後悔も起こるでしょう。しかし、どのような行も満足に修《おさ》めることのできない愚かなわたしですから、地獄以外に行くところはありません」

親鸞は生涯、師の法然を厚く慕い、その教えをつねに反芻《はんすう》しながら念仏の布教を行ったといわれています。ですから、「もしも師にだまされ、地獄におちても後悔しない」というくだりだけを見ると、師の教えにすべて依存しているように思えます。

ところが、そのあとで「どんな行も満足に修められない愚かなわたしは、地獄以外に行くところはない」と明瞭に語っているのが、親鸞のすばらしいところです。

心から慕える師がいても、ただ依存するだけではいけません。師の教えを自ら責任を持って思索し、それを自分の知恵として実践してはじめて、自分の道は開くのです。

「歴史」からよく学ぶこと

仏法はもちろん、何の教えを学ぶにしても、まずはその歴史を習う必要があります。その時代の社会背景や人々が実際にどんな環境に置かれていたかを、はじめに学び知ることで、その教えのほんとうの意味が理解できます。

——日蓮《にちれん》

文応元（一二六〇）年、日蓮は著書『立正安国論《りっしょうあんこくろん》』の中で他国の侵略があることを予言します。当時の幕府はこれを無視しますが、文永十一（一二七四）年になると、蒙古襲来《もうこしゅうらい》という大事件が予言通りに起こりました。右に紹介した教えは、その混乱の中の建治元（一二七五）年に日蓮が身延山《みのぶさん》で書いた『撰時抄《せんじしょう》』にあるものです。

仏教は、釈迦の入滅《にゅうめつ》後、「正しい教えは時間の経過とともに衰退する」という考え方を説くようになります。すべてが正しく伝えられる時代を「正法《しょうぼう》」、教えはあるが修行がすたれる時代を「像法《ぞうほう》」、教えも修行もすたれて悟《さと》るものがいない時代を「末法《まっぽう》」とするこの教えは「末法思想」と呼ばれ、日本では平安から鎌倉時代に流行。当時の人々は「この世は末法」と無闇に信じ、社会はその不安で覆《おお》われていました。

右に紹介したことばは、そうした時代の日蓮の教えなので、原文には「末法の時代に人々を救う教えは法華経《ほけきょう》である。仏教史の中でそれを明らかにし、いま、すべての人が法華経で救われるべきときであることを示す」という意味が明記されています。

二十一世紀を生きるわたしたちは、現代社会があまりにもスピーディに変化を遂げているため、何を学ぶにもその歴史を軽視する傾向があります。しかし、ものごとの本質を知るには、その歴史をよく学ぶことで、はじめて全容が見えてくるものです。

信じるためにも「疑ってみる」

何かを信じることとは、人が生きる上で根本となるもの。何かを疑うことは、人が生きる上で方向を決めるよりどころや、新たな一歩を踏みだすきっかけとなるもの。この二つは、どちらも欠かすことのできないものです。

——元政《げんせい》

江戸時代初期の日蓮宗《にちれんしゅう》を代表する僧・元政は、京都の深草《ふかくさ》に住したことから「深草（草山《そうざん》）の元政上人《しょうにん》」「草山和尚《おしょう》」とも呼ばれ、当時の著名な文人や墨客《ぼっかく》をはじめ、さまざまな知識人たちと交流していたことが伝えられています。

右の教えは、そんな元政を慕って集まった弟子たちに対して、修行と学問の要旨をまとめ、仏法の求道者の道標を記した元政の著書『草山要路《そうざんようろ》』にある教えです。

日本人は昔から、「信じる」ことは良いこと、「疑う」ことは悪いことと考える傾向が強いようです。ところが、人間は「疑う」ことをやめてしまうと、ものごとの真偽を大きく見誤ることが増えて、たいへんな事態を招くことさえあります。

その錯誤の典型的な例が、〝振り込め詐欺〟などの詐欺行為や、似非《えせ》宗教にだまされること。そして、地震、火災、経済不況、戦争など、人の心が不安に襲われたときに限って、世間を駆けめぐる流言《りゅうげん》やデマにまどわされることです。

現代の心理学の研究では、流言やデマは自分の命に関わる情報であればあるほど、伝達の過程で次々と新しい解釈が加えられて情報内容が変容する。またそれらの情報が曖昧《あいまい》であるほど、人はその情報を信じやすくなる傾向があると分析されています。

疑うべきことは疑ってみる――何かを信じるには、その「冷静さ」が不可欠です。

いつか花咲く種をまこう

去年の九月に、ここを去りました。そして、今年九月、またここに来ています。月日は去りゆくものですが、また次に来ることに思いを馳《は》せてはいけません。喜び見るべきことは、この寺の庭に菊の花が開いていることです。

――道元《どうげん》

奈良時代から日本の節句《せっく》の中でもっとも重視されていたのは、陽《よう》の数の〝九〟が重なる九月九日（旧暦）の「重陽《ちょうよう》（菊の節句）」でした。杯に菊の花を浮かべて酒を飲み、神々に不老長寿を願う式日で、その大事な重陽の式日のひとときを題材にしたのが、道元の言行録『永平広録《えいへいこうろく》』にある右に紹介した教えです。

日本の節句は、もともと五穀豊穣《ごこくほうじょう》などを願って、神々へ特定の日に食物を供じた「節供《せく》」から転じたもので、正月（一月一日）の〝膳《ぜん》〟、上元《じょうげん》（一月十五日）の〝粥《かゆ》〟、上巳《じょうし》（三月三日）の〝草餅〟、端午《たんご》（五月五日）の〝ちまき〟など、その節供に決まった供物《くもつ》を「おせち（御節）」と呼んで捧げました。今日も正月の膳を「おせち料理」というのは、その名残をとどめたものです。

そうした節句は明治維新以降から急速にすたれていき、平成の現在は、核家族化や格差社会の進行が影響して、まったく節句を行わない人もいるようです。

長い月日を重ねると、永遠に続くと思われていた「神への儀式」ですら次第になくなっていく。無常――それが偽りのないこの世の現実であり、自然の法則です。

しかし、未来につながる種をしっかりとまいておけば、過去とは同じものではないけれど、つねに新たな花が咲き誇ります。さて、あなたはどんな種をまいていますか？

「人の知恵」もお借りする

お互いに信頼できる人ならば、四、五人で集まって話し合いましょう。五人ならば五人みんなで、正しい心を持って良い結果をもたらすように、それぞれがよく考えて話し合えば、問題を解決する知恵が生まれてきます。

——蓮如《れんにょ》

浄土真宗《じょうどしんしゅう》の中興《ちゅうこう》の祖・蓮如の言行録『蓮如上人御一代聞書《しょうにんごいちだいききがき》』の中にある説法です。聞書とは「かくのごとき、我は聞く」という意味で、蓮如は寄り合って談合を行うことをすすめ、実際によく平座《へいざ》で門弟たちと雑談したと伝えられています。

この教えのことばと同義のことわざに「三人寄れば文殊《もんじゅ》の知恵」というものがあります。「凡人でも、三人集まって考えれば、仏教の知恵の象徴である文殊菩薩《ぼさつ》のようなすばらしい知恵を得ることができる」という語意ですが、この意味を安易に考え、現実にやってみたら「痛い目に遭《あ》った」という人が世間には意外に多くいるようです。

その主な原因は、「三人」の選択を単純に知人や友人にしたこと。知人や友人がただ集まっても余計な話が多くなり、大した知恵は生まれ難い。かといって、能力の優れた人だけを集めても、すばらしい知恵が必ず生まれるとも限りません。

何よりも大切なことは、性格が「合う」「合わない」、能力の「優」「劣」とかではなく、お互いに人として信頼し合える人が集まること。その信頼が話し合いを有意義なものとしたときにはじめて、すばらしい知恵が生まれるのです。

「三人寄れば……」の知恵を得るには、自分が人に信頼される行動を心がけ、信頼できる人を見抜く心の眼を養っていくことが必要。まずは、その努力から始めましょう。

心の中を明るく照らす

心を滅ぼして、心を育てなさい。分別や妄想をしない明るい心を、分別や妄想をする暗い心で覆《おお》って苦しまないようにしなさい。もしも心が暗い心で覆われたら、そのときどきに心を滅ぼして、広く明るい心を育てなさい。

——鈴木正三《しょうさん》

日本の仏教では、〝仏になれる性質〟という意味の「仏性《ぶっしょう》」や「如来像《にょらいぞう》」ということばがよく使われます。宗派によってその解説は微妙に異なりますが、シンプルにいうと、仏性はわたしたち一人ひとりが持っているものと教えています。

詳細については割愛しますが、その仏性を目覚めさせる土台となり、わたしたちが生きる上で欠かせないことが、〝自分の心を育てる〟ということです。

右に紹介した説法は、人が守るべきモラルを独自の仏教的視点でまとめ、心を育てることを説いた鈴木正三の仮名法語集《かなほうごしゅう》『盲安杖《もうあんじょう》』にあるものです。

「心を滅ぼす」という表現は過激に聞こえますが、これはあとに続く「分別や妄想をする暗い心」を滅ぼすこと。わたしたちの心はもともと明るいものなのに、余計な分別、妄想、執着《しゅうちゃく》によって、それがベールのように心を覆い暗い心に変えてしまう。ならば、ベールが覆ったときどきに、そのベールを一枚一枚滅ぼしなさい。このように本来の明るい心を見出し育てる方法を説くのが〝仏法〟と正三は説いています。

心ではそう考えていたのに、実際にはそれができずに失敗した……ということは誰にでもよくあることです。その失敗の原因は、心に余計なベールが何枚も覆っていたから。仏法の知恵で心のベールを脱いでいけば失敗はやがて成功へと変わります。

煩悩があってもいいのです

貪欲《どんよく》は涅槃《ねはん》（悟《さと》りの世界）であり、怒りも、愚かさも同じです。この貪欲・怒り・愚かさという三つの代表的な煩悩《ぼんのう》の中に、仏道があります。悟りとは、貪欲などの煩悩と別にあるのではなく、同じ心の中にあるものです。

――最澄《さいちょう》

「大乗《だいじょう》仏教の戒律《かいりつ》は釈迦の説法に基づいたもの」と解き明かした、最澄の著書『顕戒論《けんかいろん》』にあることばです。仏教用語でいうと、貪《とん》（貪欲）・瞋《じん》（怒り）・痴《ち》（愚かさ）の「三毒《さんどく》」と呼ぶ煩悩（苦悩のもとになる迷い）に対する心についての説法です。

わたしたちの心には、さまざまな欲望、怒り、愚かさの三つがつねに混在していますが仏教を知らない人は、その苦悩の原因となる三毒を仏法で〝消す（なくす）〟ことが仏道修行であり、悟りと思っているようですが、実際にはそうではありません。

「貪欲是涅槃（貪欲は悟りの世界である）」、「煩悩即菩提（煩悩は悟りと同じ）」と明示しているように、煩悩と悟りは別々のものではないことを仏法の知恵によって理解したときが、ほんとうの悟りだと最澄は説いています。

実際に、わたしたちの心の中で、欲望や怒りや愚痴《ぐち》が一度でも生まれてしまうと、なかなか消すことはできません。また努力をして消したと思っても、すぐに別の欲望や怒りや愚痴が生まれてくる――それが普通の人間の心の働きというものです。

ならば、自分の心の中の三毒は〝消す〟努力をするより、〝上手にコントロールする〟ことをつねに意識する。人は自ら煩悩をコントロールできたとき、心の中は安らぎの涅槃に変わると、人の心のあり方を説く仏教の先人・最澄は教えています。

知恵と能力を持たない罪

名医はさまざまなものの中から薬を見出し、名工はいろいろな鉱石を宝と見て、宝石をつくりだす。そうした知恵や能力を持っているのと、持っていないのは、いったい誰の罪過《ざいか》かというと、すべては自分の罪過なのです。

――空海《くうかい》

空海が自ら体得し、その一生をかけて研ぎ澄ました密教《みっきょう》の知恵を用いて、『般若心《はんにゃしん》経《ぎょう》』の意味を書き示した著書『般若心経秘鍵《ひけん》』にある教えです。

空海は日本へ密教をもたらし、真言宗《しんごんしゅう》を開いたことで知られていますが、それ以外にも、書をはじめとした諸芸に優れ、今日でいう科学的知識も豊富に持っていたようで、その知恵を使って多くの社会事業を行ったことが日本各地で伝えられています。

空海のイメージがいまも庶民に親しみのある雰囲気を感じさせるのは、そうした数々の功績があるからです。右に紹介した教えも、空海が仏教から学んだこと、そして自ら庶民の中に入ってさまざまな人々と事業を行った経験から得たものでしょう。

現代は、空海の時代に比べると、誰でも簡単に数多くの情報を手に入れられる環境が整っています。ところが、その情報から得た豊富な雑学知識を持つことを自慢する人が増える一方で、その知識を自分の人生に活かしている人はなかなかいません。大概の人は知識を得たことですでに満足し、それを自分の知恵や能力にまで高めるのは「面倒臭い」と、はじめからあきらめてしまうようです。

知恵や能力は簡単には得られません。でも、あきらめずに日々得た知識を自分の人生にコツコツと活かしていく。その努力こそ、仏法の知識を知恵にする方法です。

一心に願えば必ずかなう

一心に想い願うことは必ずかなえられます。強い敵を打ち破りたい、どうしても欲しいものを手に入れるなど、自分がほんとうにやるべきことを決心し、それを実現する気持ちを起こせば、目的は必ず達することができます。

――道元《どうげん》

曹洞宗《そうとうしゅう》の開祖・道元の教えを、弟子の懐奘《えじょう》が筆録した『正法眼蔵随聞記《しょうぼうげんぞうずいもんき》』には、道元の考え方やその姿が生き生きと表されています。

この教えはその中の一節にあるものです。一見すると「目的を達成したいと強く想えば、その目的は必ず達成できる」という意味に感じますが、そうではありません。

ライバルに勝ちたい、成績を上げたい、あの服や鞄が欲しい、健康になりたい、長生きしたいなど、わたしたちはつねに何かしらの想いを持って生きています。しかし、なかなかうまくいかないのが現実です。

ところが心の想いを一つにし、その目標を達成するという気持ち（心）を強く持つ。その心を保ちながら、一つの想いについてのあらゆることを学び、それを実現する努力を惜しまなければ、どんな想いも達成できる――道元はそう説いているわけです。

世間の人はよく「夢は想い続ければ、いつか必ずかなう」と語ります。素敵なことばですが、このことばを安易に考え、ただひたすらに夢を想い続けて、いつまでたっても一向に夢がかなわない……というのが大半の人の現実の姿です。

一方、実際に夢をかなえた人は、自分の想いを一つに絞り込み、それに対する学びと努力を惜しみません。自分の想いを実現するのは、そうした一心の力なのです。

「人それぞれ」でよい

仏法では「すべては平等である」と説いていますが、老若男女などの区別を無視して、すべてを一律に扱うことを「平等」とはいいません。逆に、それぞれの違いを、余計に強調しすぎることも「平等」とはいいません。

——最澄《さいちょう》

最澄が法相宗《ほっそうしゅう》の徳一《とくいち》と仏教の方便《ほうべん》について論議した『法華去惑《ほっけこわく》』にある教えです。

現在の日本国憲法第十四条では、法の下において人種・信条・性別・社会的身分・家柄などにより差別されない権利が保障されています。これは「人間は生まれたときから平等」という自然法思想などをもとにした近代憲法の大原則です。

でも、あなたは、ほんとうに平等といえる社会の中で生きているでしょうか。

最近の幼稚園や小学校では、平等教育の一つとして、運動会の競技で順位を問わなかったり、劇や遊戯の発表会で端役をなくし、クラスのみんなが主役か準主役になるという不思議な物語が演じられています。

これは「子どもの頃から差をつけないでほしい」という最近の親の意見で実施されているそうです。つまり、その配慮は、子どものためではなく、自分の子の成長の可能性を信じられない、現代社会に不満を持つ親たちの気休めの平等に過ぎないのです。

人は生まれたときから一人ひとり顔も違うし、身体も違う。また大勢の人々を効率よくまとめるには、さまざまな形の区別や格差を必要とするのが現実の社会です。

仏教的平等心とは、すべて〝一律〟という安易なものではなく、〝一人ひとりが別々の価値を持つことを知る心〟、〝努力する自分も他人も大切にできる心〟をいいます。

5章

ふむふむ

と、深く考えることば

迷った時こそシンプルに考える

世間を疑う、常識を疑う

世間の人々が語っている「常識」には嘘が多いものです。考えてみれば、明日の自分の生死も知らない人たちの話がどれだけ確かなことでしょうか。真実は、世間の常識や計らいを捨て去り、自ら探して見つけだすものです。

――関山《かんざん》

禅宗の高僧は、のちに弟子によってその語録がまとめられるのが通例です。しかし、京都・妙心寺《みょうしんじ》の開山《かいさん》としてその名を知られる関山慧玄《えげん》に語録は残されておらず、唯一「柏樹子《はくじゅし》の話《わ》に賊機《ぞくき》あり」という禅語だけが伝えられています。ただし、この禅語は意味が深すぎて理解するのも、解説するのも簡単にはできないといわれています。

右に紹介した教えは、その関山の禅語を解説したさまざまな書籍や今日まで語り継がれている次の逸話を参考にして、現代風に独自の視点で解釈したものです。

妙心寺の中の関山が住む居室は、現在とは比べものにならないほどボロ屋で、雨が降るたび、あちらこちらで雨漏りをしていたそうです。

ある日、ひどい雨が降り始めたので、関山はそばにいた弟子たちにいいました。

「誰か、何か器を持ってきて、雨漏りをしている場所にあてなさい」

すると、弟子の一人がすぐに笊《ざる》を持ってきました。その様子を見たほかの弟子は「怒られるぞ」と思いましたが、意外にも関山はその弟子をたいへんほめたのです。

そして、次の弟子が桶《おけ》を持ってくると、今度は「このまぬけ面め」と大声で罵《のの》り、関山は部屋を出ていってしまいました——エピソードはここで終わります。

関山は弟子に何を教えたのか……その答えを見つけるのは、あなた独自の視点です。

知ったかぶりはやめなさい

他人の教えや世間の話を、鵜呑《うの》みにして「わかった」「理解した」と思っても、ほんとうは理解していないもの。逆に理解できていないことを自覚したとき、何がわかっていないかを知ったときが、真に理解したときです。

——蓮如《れんによ》

蓮如は、浄土真宗《じょうどしんしゅう》の教えをわかりやすいことばを使い、誰にでも理解できるように説いたと伝えられています。その言行録『蓮如上人御一代聞書《しょうにんごいちだいききがき》』にある教えです。

小中学生の漢字テストで「ききいっぱつ」と出題すると、「危機一発」と誤った回答をする生徒が増えているといいます。その理由を調べると、映画やゲームなどのタイトル・コピーに「危機一発」が数多く使われており、その漢字を日常生活で眼にする頻度が高い。そのため、多くの子どもたちはそれが正解だと思っていたそうです。

一方、企業は商品を売るために、インパクトのある文字をその商品に名づけます。つまり、「一髪」より「一発」という漢字のほうが世間の人々に強い印象を与えるため、意図的に、わざと間違った「一発」という漢字を使っているというわけです。

これはほんの一例で、「目にする機会が多い」「みんな（あるいは尊敬できる人）がいっている」というものごとを鵜呑みにしても、それが必ずしも正しい理解につながるとは限りません。教えや情報は、ただ受け入れるのではなく、それを自分でも調べて考察することが欠かせません。真の理解はそうして得られるものです。

実際に「危機一発」が誤った漢字である理由を自ら調べて学んだ子どもたちは、その後のテストで、「危機一髪」を二度と間違えることはなくなったそうです。

時は待ってくれない

一日の時間の流れは速いもので、これをただぼんやりと無意味に過ごしてはいけません。そうして一日一夜を捨てることは、自分の生命を滅しているのと同じ。人生は待ったなしに過ぎ去っているのを忘れてはいけません。

――釈迦《しゃか》

「時間よ、止まれ！」。思わずそう願ったことが誰でも一度はあるでしょう。

しかし、どんな神さまに拝んでも、現実には時間は決して止まらない――そのことを二五〇〇年以上前に理解していた釈迦は、時間をつねに大切に使うようにと教えていたと伝えられています。

現代社会で優れた時間の使い方は「三～五年先の将来のビジョンを持ち、それまでの時間軸に沿って自分のやるべきことを整理してはっきり示し、それを計画的に効率よく実行していくこと」といわれています。しかし、これはある種の目標を持った人の時間を大切に使う方法なので、誰もが簡単に実践できるものではありません。

一方、釈迦の教えは「いま、このときにやらねばならぬことをやる」「今、自分を生かすことをやる」という老若男女が日々できることをポイントにしています。

時間通り、計画通りに行動するのは確かに大切なことです。しかし、何をするにも、まず、いま自分がほんとうにやるべきことを考える。心身が元気であればそれを行動に移し、病気であれば行動より心身を休息させることに専念する。そんな心の応用力を持つことが、時間を大切にする基本だと、釈迦は教えています。人は流れる時間に生き、そのときに合った自分を生かす努力をする――それが「生活」というものです。

すべては仏さまのおかげ

念仏に説かれている阿弥陀仏《あみだぶつ》や極楽浄土《ごくらくじょうど》があると信じる人は、たとえどんな病気になったとしても恨み言をいわず、その病気を仏さまの恩恵と受け止めて、自分自身をあらためて見直す機会をいただけたと感謝しましょう。

——法然《ほうねん》

すべての衆生《しゅじょう》を救う阿弥陀仏を一心に念じていれば、死んだあとに極楽浄土へ渡してくれるという教え（浄土教《じょうどきょう》）を説いた法然。その語録『和語灯録《わごとうろく》』にある教えです。「病《やまい》は気から」ということわざがあるように、日本人は昔から「病気は気持ちの持ちよう一つで、悪くも良くもなる」と教えられてきました。実際に近代医学の研究では、軽い風邪の場合、胃薬を風邪薬と信じ込ませて病人に飲ませると、その半数以上は「薬を飲んだ」という思い込みの効果で、症状が軽減されることがわかっています。

つまり、「病は気から」は医学的にもまんざらいい加減な話ではないわけですが、気の持ちようだけで完治しない病気、治る術《すべ》のない病があるのも、また事実です。

法然は、そうしたすべての病気に苦しんでいる人たちの心を察して、阿弥陀仏を信じることで気持ちを強く持ち、何事も良いほうへ考えなさいと説いたといいます。

治る病気を患った人は「病は仏がくれた自分を見直す機会」と感謝して、その原因を自照《じしょう》し、反省すべき点を心身の糧《かて》にする。また、重い病気の人は「病は苦しみと対《たい》峙《じ》し、自らの心を大きく育てる仏の恩恵」と受け止めて感謝する――このように仏を一心に信じる感謝の心が持てたならば、仏が極楽へ導くことを確信し、どんな病にあっても心は安らかになる。信じるものは救われる……これも立派な仏法です。

強がる必要も、恐れる必要もない

畜生《ちくしょう》の心は、たえず不安があふれていて、か弱いもの。そうした弱い自分の心を隠そうと、無理をして強がったり、自分より弱いものを脅したり、侮《あなど》ったりする反面、自分より強いものに対すると必要以上に恐れるのです。

――日蓮《にちれん》

日蓮は、『法華経《ほけきょう》』から究《きわ》めた仏法の教えを説きながら既存の宗派の教えを批判し、権力者に国難を訴えたことから、伊豆と佐渡へ二度も流罪に処せられました。右の教えは、その佐渡から信者へ送った手紙『佐渡御書《ごしょ》』の中にあるものです。

今日の社会では、陰湿ないじめ事件や無差別殺人などの凶悪事件が頻発しています。不思議なことは、その犯人を知る周囲の人々が口をそろえて「ごく普通の人だった」といった人物像を述べていること。また犯人たちも「〇〇がうまくいかず、むしゃくしゃしていたから……」と同じような犯行理由をあげていることです。

こうした犯人の人間像や犯行の原因について、心理学の一説ではペルソナ（仮面）に問題があると述べています。ペルソナとは「集団の中で自分が担う役割を受け入れる心」という意味。人は誰でも周囲に順応するため心に〝仮面〟を被っているという考え方で、このペルソナが本来の自分の心に合うなら、周囲と調和した快適な状況をつくりだすそうです。ところが、自分の心に合わない仮面を無理やりつけていると、次第に心のバランスが崩れ、日蓮のいう〝畜生の心〟に陥ってしまう。そして不安が限界を超えたとき、人は、人道に反する行いをしてしまうというのです。

あなたの仮面はどうですか。無理をしているなら心に合うものに変えましょう。

「嘘」は真心を疲れさせる

わたしたち人間が、長生きをしたいと思うならば、嘘をついてはいけません。嘘をつけば、いつも些細なことが気になって、心が疲れてしまうからです。人は、心さえ疲れていなければ、命が長いことを疑わないものです。

——夢《む》窓《そう》

夢窓は、後醍醐《ごだいご》天皇、北条氏、足利《あしかが》氏など鎌倉時代の権力者たちの帰依《きえ》を次々に受け、その精神的支柱となった臨済宗《りんざいしゅう》の禅僧です。この教えは、彼らが織り成したさまざまな人間模様の歴史から学んだ〝長生きの秘訣〟です。

〝嘘〟とは、国語辞書によると「真実ではないこと。いつわり。正しくないこと。適当でないこと」。また心理学では「人をだますことによって、ある目的を達成しようとする意識的な虚偽の発言」と定義されています。つまり、虚偽の意識やだます意図があり、またはだますための目的が明確なことばや発言が〝嘘〟というわけです。

では、嘘がすべて悪いものかというとそうでもありません。偽証や詐欺などの目的の嘘は〝悪い嘘〟ですが、人をなごませたり、悲しませないようにするなど人間関係を円滑にすることを目的にした嘘は、世間一般では〝善《よ》い嘘〟とされているからです。

ただし、どちらにしても〝嘘をつく〟という行いは、人の心を疲れさせます。嘘を見抜かれぬように、ことばづかいや行動が不自然にならないようにと余計な心づかいをするため、それが心労となって命を短くした人を、夢窓は数多く見たのでしょう。

うそを重ねた「うそうそ」という古語をご存じでしょうか。その意味は「不安で落ち着かないさま」。できる限り嘘をつかない、安心な生き方をしたいものです。

「人まかせ」はやめなさい

仏教宗派に対して多額の寄付をする人を「信心がある信徒」というのは大きな誤りです。また僧侶を数多く参らせれば、自分では無理でも、その僧侶たちの力によって「先祖は救われる」とする信徒の考えも大きな誤りです。

――蓮如《れんにょ》

現代人の拝金主義と宗教への無関心ぶりを警告している教えのようですが、これは浄土真宗《じょうどしんしゅう》の僧・蓮如の『御文《おふみ》』『御文章《ごぶんしょう》』に記されている説法の一節です。

実は、蓮如の生きた時代（南北朝～室町時代）は、「阿弥陀《あみだ》も銭で光る（阿弥陀仏のご利益も、供えるお金の多少によるという意味）」と囁《ささや》かれていた時代で、世間の人々は今日と同様に「お金があれば何でもできる」と思い込んでいたようです。

当時はほかの仏教教団もその例外ではなく、権力者との関係を深めて、金銭的な利益を追い求める僧侶たちが数多く存在したようです。そして、その両方を手にした、いわゆる堕落した僧侶も「高僧」と称されていたと伝えられています。

現代の日本人のいい加減な仏教観は、実はこの時代に始まり、さまざまな変遷を加えながら、五〇〇年以上も受け継がれてきたもののようです。

いま改めて日本人が知っておくべきことは、仏教教団にお金の寄付が必要なのは、死者のためではなく、僧侶の生活を支えるため。また法要や墓参りなどで僧侶がお経を読むのは、僧侶に力があるのではなく、経典に書かれた教えに力があるためで、本来お経は死者のためのものではなく、生きている人が学ぶべきものということです。

お寺や先祖を大事にするとともに、仏教の教えを学ぶことも大切にしましょう。

「自分の頭」でよく考える

独学で学ぶことを軽く見てはいけません。仏教で悟《さと》りを得るには、祖師から代々伝わる教えを習うことを重要としていますが、ただ教えを伝習するのは簡単なこと。その教えを思索し、自ら考え理解することが大切なのです。

――法然《ほうねん》

一説によると、法然は九歳で出家し、比叡山《ひえいざん》に登って本格的修行生活を始めました。そこで大乗《だいじょう》仏教の戒律《かいりつ》と天台宗《てんだいしゅう》の教学を学ぶとともに、数多くのお経を読みふけり、また南都（奈良）にも仏教の知識を持つ名僧を訪ねて教えを求めました。

ところが、何を学んでも、自ら納得ができる仏法の教えに出合えなかったそうです。

それでも法然は、さまざまな経典を日々読み続け、やがて『観経疏《かんぎょうしょ》』（『観無量寿経《かんむりょうじゅきょう》』の注釈書＝釈迦《しゃか》が阿弥陀《あみだ》仏《ぶつ》の浄土《じょうど》の荘厳《そうごん》を説いた経典の解説本）の一節に、やっと自分の求める教えを見つけたといいます。そのとき、法然の年齢は四十三歳。出家してから三十年以上の月日が流れていました。

その一節から生まれたのが、八〇〇年たった今日も浄土宗《じょうどしゅう》で説かれている「知恵もなく徳もない人も、また悪人も、女人《にょにん》も、『なむあみだぶつ』と口にとなえて念仏すれば、すべての人は平等に往生できる」という法然の教えです。

現代人の多くは「学ぶ」というと、受験勉強の影響から「要点だけを短時間に記憶する」ことを求めるそうです。でも、学ぶことのすばらしさは、ものごとをさまざまな角度から深く思索し、それを理解して自分の知恵としたときに感じるもの。学ぶ喜びは数多くの知識や経験、限りなき時間によってもたらされるものです。

「目先のこと」にとらわれない

たとえば、一本の木に向かって、そのうちの赤い葉一つだけを見つめていると、残りの葉は見えなくなります。このように人は目先のことに心を奪われると、全体を見渡すことも、その本質を捉えることもできなくなります。

――沢庵《たくあん》

沢庵宗彭《そうほう》は、徳川三代将軍・家光の帰依《きえ》を受けてたびたび江戸城中に招かれ、禅の教えを論じたそうです。禅僧がこのように時の権力者と交流を持つのは珍しいことではありませんが、剣客・柳生宗矩《やぎゅうむねのり》との交流は、宗矩が柳生新陰流《しんかげりゅう》の兵法理論を体系化する際に、大きな影響を与えた稀《まれ》な行為として伝えられています。

そのきっかけとなったのは、沢庵が宗矩へ送った数通の手紙。その中で、沢庵は自ら悟った禅の哲学をもとに、武士が戦いの場において持つべき心のあり方・使い方、精神コントロールの方法を説いています。この手紙はのちに『不動智神妙録《ふどうちしんみようろく》』としてまとめられ、武道家たちの心構えの教科書としていまなお読まれているそうです。

その『不動智神妙録』にある教えを意訳したのが右に紹介したことばです。

誰でも一つのことに目を奪われると、周囲がまったく見えなくなり、冷静な判断や行動ができなくなります。そうならないためには、具体的にどうすればいいのか。

その答えを、沢庵は次のように記しています。

「心を動かさぬこと。向かってくる相手一人ひとりに心を動かせば、いずれ斬られてしまいます。大切なのは、いっさいを心に止めず受け流して〝こだわらない〟こと、（視野を広げ、感覚を研ぎ澄まし）心を動かさないことです」

正しい動機と、正しい師を持つ

何事をするにも、その動機が正しくなければ、決して良い結果は生まれません。また動機は材料、師は職人に似ていて、材料がどんなに良いものであっても、職人が良くなければ、正しいものをつくりだすことはできません。

――道元《どうげん》

禅の修行をする雲水《うんすい》たちのために、仏道を歩む上で心がけるべき大切な事柄を全十章で示した道元の著書『学道用心集《がくどうようじんしゅう》』にある教えです。

「麻《あさ》の中の蓬《よもぎ》」ということわざをご存じでしょうか。曲がって育ちやすい蓬も麻の中で育てれば、その影響を受けてまっすぐに伸び育つ。そこから「いい人間とつき合えば、その人に感化され、誰もがいい人間になる」という意味です。

実は、この〝蓬〟という漢字には「物が乱れ、こんがらがったさま」という意味もあります。現代社会で生きるわたしたちにはさまざまな誘惑が多く、欲望のまま自分の好き勝手に生きていると、その心は次第に〝蓬〟のようになってしまうものです。

そうならないために必要なのが、何かをする際に必ず正しい動機を持つこと。また、その動機を生かし、良い影響を与えてくれる優れた師に導かれることです。

しかし、そんな優れた師に出会うことは、現実にはなかなかありません。

だから道元は、師が見つからなければ、無理に師を求めず、坐禅をして心を静め、自分の中にある良き心、いわゆる〝良心〟を師にすればいいとも述べています。

ただし、この良心とは、善悪や正邪を判断する心の働きというより、自分をあざむかない正直な心のこと。その心こそ、自らを〝麻〟のように育てる師となります。

自分で自分をごまかさない

人はつねに自分の眼にだまされ、自分の耳にだまされ、自分の鼻にだまされ、自分の口にだまされ、自分の体にだまされ、自分の心にだまされて、自分の考えや行いをごまかしてしまいます。そのことを忘れてはいけません。

――釈迦《しやか》

『般若心経《はんにゃしんぎょう》』を声に出してとなえていると、「げん～、に～、び～、ぜっ、しん～、い～」というフレーズが出てきます。この「眼・耳・鼻・舌・身（体）・意（意識）」という意味は、実は、右に紹介した釈迦の教えが受け継がれた部分なのです。

釈迦の数多くの言行をまとめた大経典『阿含経《あごんきょう》』の中には、この説法を〝悪魔〟というキーワードを用いて、次のように教えています。

「わたしたちの肉体や感覚が、自らの心を妨げ、かき乱し、不安におとしいれることがあります。これが悪魔です。さらにわたしたちの感情、意志、判断が、自らの心を妨げ、かき乱し、不安におとしいれることがあります。これが悪魔です。このように自分を客観的に見ること、それが『正観《しょうかん》』、正しい仏法の知恵で見るということです」

正観さえできれば、悪魔を生みだす原因である〝飽くなき欲望〟を克服することができ、輪廻転生《りんねてんしょう》を解脱《げだつ》して、涅槃《ねはん》に至ることができる。つまり、悪魔は外ではなく、自分の心の内にいる――自分の貪欲さが心の内に悪魔を生みだし、さまざまな苦しみを導く――というのが釈迦の考え方です。

また貪欲を克服すれば悪魔は消え、極楽《ごくらく》に至る……と教えていますが、この極楽とは、心が平安で自由な境地のこと。悪魔も、極楽も、わたしたちの心の内に現れます。

多くを知るより一つを熟考

数多くの書物を読んで知識や情報を得ようとするのも悪くはありません。しかし、一冊の本を読んで、その中の価値を感じる一つの句だけをよくかみしめて、その一句を自分の心の糧《かて》にすることのほうが大事なことです。

——良寛《りょうかん》

江戸時代後期の禅僧・良寛は、歌人や書家として優れた作品を残していますが、それができたのは、良寛がつねに右に紹介したような心構えを持って、ものごとに取り組んでいたからといわれています。

今昔に関係なく、人間は時代感覚に遅れを取らないようにしようとすると、あれもこれもと、できるだけ新しい情報を数多く手に入れようとします。

ところが、そうした流行《はや》りの情報は、明日には古い情報となり、時間の経過とともに、だんだんと役立たなくなってしまうものばかり。だから、時代感覚だけを気にすると、わたしたちは「新しい」あるいは「数多い」というだけで中身のない情報に目を奪われ、自分にとってほんとうに大切な一つの情報を見失いがちになります。

良寛はそんな人間の性質を悟っていたようで、次の逸話が伝えられています。

ある日、訪ねてきた漢学者と『論語』の解釈について話をしているとき、漢学者は良寛が当時最新の注釈書を読んでいないことに気づき、その理由を問いました。

すると、良寛はこう答えたそうです。

「わたしは、普段から注釈を読まないことにしています。なぜなら他人の注釈を見ると、それにまどわされてしまい、むしろ真の理解の妨げになることがあるからです」

悟りを得られない理由

何かを悟《さと》ろうとして修行をしても、なかなか悟りを得られないのは、自分の心の中にある固定観念や先入観、偏見や独断に頼りすぎているからです。すべてのものごとをありのまま、正しく見ることができていないからです。

——道元《どうげん》

わたしたちは何かものを見るとき、それをありのまま、そのままに見ていると思っています。ところが実際は、さまざまな考えや自分なりの意識を持って見ているため、その姿や本質をほんとうに正しく見ていないことがよくあります。

道元は二十三歳のとき、そのことを痛烈に実感する出来事を体験したそうです。

当時、中国（宋《そう》時代）へ渡って禅の修行をしていた道元は、ある日、庭で椎茸《しいたけ》を干している老僧を目にしました。その姿が苦しそうに見えたので「その作務を若い人に代わってもらってはどうですか」と声をかけると、老僧は「これはわたしの務めです。他人が行っては自分の修行になりません」と答えたそうです。

「ならば日差しの強い時間は止めて、涼しいときにしてはどうでしょう」

道元は気を利かせたつもりで、さらにこういうと、老僧はたんたんと椎茸を干し続けながら、反対にこう質問したそうです。

「日差しが強いほうが椎茸をよく干せます。いまをおいて、いつ干せばいいのですか」

このとき、道元はことばを失ったそうです。それは、自分が老いた僧の姿や作業効率をよくすることにとらわれすぎて、老僧の考えや椎茸を干すという本質を見落としていたからでした。下手の考え休むに似たり、言うは易く行うは難し……。

大切なことは目に見えない

昔の人は、何かを得るために学んだり、努力をしましたが、それは目に見える利益より知恵を高めるためでした。でも、いまの人は、本を読むときでさえも、自分の名声や利益ばかりを考え、知恵を磨こうとはしていません。

――空海《くうかい》

この教えは、空海の『性霊集《しょうりょうしゅう》』にあるものです。「いまの人」とは主に平安時代のエリートのこと。また「本を読む」というのは、立身出世《りっしんしゅっせ》の道を説く『儒教《じゅきょう》』、あるいは不老不死の神仙《しんせん》の道を述べた『道教《どうきょう》』、さらには慈悲の教えを説く『仏教』を読み習うことを意味するようです。

その当時、儒教・道教・仏教は、日本人の中でもエリートが学ぶべき最先端の知識で、世の中の人々の素質や望みをかなえる教えと考えられていました。

その教えが書かれた本でさえも、自分の名声や利益だけを目的にして読むと、ほんとうの知恵を磨くことはできないと空海は説いたのです。それどころか、目先の利益だけ求めて得た知識は逆に毒となり、災いをもたらすとも述べています。

現代社会では、名声や利益を目標にするのは、むしろ良いこととされています。しかし、目標として得た名声や利益は長続きしないものです。なぜなら、それらは本来、自分の知恵や技術を磨くことで、あとから自然とついてくるものだからです。

知恵とは、自分の得た知識からものごとの法則性や理論を悟り、それによって適切にものごとを処理する能力のこと。それゆえ、知識は、うわべの目的のためにやみくもに集めるのでなく、知恵を磨くために必要なものを集めることが大事なのです。

ものごとはシンプルに考える

大きな河に住んで力を発揮するものは、陸にのぼると悩んでしまうものです。同様に、何をするにも、虚勢を張り、人一倍欲望が強く、嘘をつくことがいかに得意でも、実際の世界では、そうした力は何の役にも立ちません。

――栄西《えいさい》

鎌倉時代に禅の教えを日本へ伝えた栄西が、京都の建仁寺《けんにんじ》にいた頃の逸話です。

ある日、貧困にあえぐ一人の男が寺にやってきて、涙ながらに哀願しました。

「わたしは病弱で仕事もできなくなり、妻子に食べさせるものもなく、数日間、食物を探しましたが何も得られず困っています。どうか、お慈悲をいただけないでしょうか」

栄西は何かしてやりたいと思ったものの、寺には蓄えがまったくありません。しばらく考えると、栄西は本堂へ行き、本尊の薬師如来《やくしにょらい》の金の光背《こうはい》を折ると「これを売って米でも買うといい」といって、その光背を男に渡しました。

男は喜びましたが、弟子たちは栄西の常識外れの行いに「罰が当たるのでは……」と心配します。しかし、栄西は堂々とこういいました。

「罰など当たらない。仏さまがこの世にいたならば『よくぞ、光背を折って男を救ってやった』と、おほめのことばがいただけたことだろう」

もし栄西が虚勢や欲望の強い人であったなら、堅物《かたぶつ》で常識的な知恵しか持たない人であったなら、光背を折るという〝素適な発想〟は浮かばなかったでしょう。

悩んだときは、余計なものをすべて捨て、ものごとをシンプルに考えてみる。正念場で最適な答えを導きだすのは、仏法の知恵に基づく、純粋かつ大胆さです。

心のスキマに「魔」が差す

魔には、「順魔《じゅんま》」と「逆魔《ぎゃくま》」の二つがあります。順魔とは、人の心の働きにしたがって魔が差すこと。逆魔とは、人が守るべきことを守らないために魔が入ること。この二つの魔は、日頃からつねに注意することが大事です。

——一遍《いっぺん》

世間にはあまり知られていませんが、平安時代初期に教信《きょうしん》という僧がいました。南都（奈良）で仏教を理論的に研究していた優秀な学僧でしたが、やがて南都の教えに空しさを感じて学ぶことを止め、妻帯して子どもをもうけたそうです。その生活は極貧なものの、つねに念仏をとなえて「非僧非俗《ひそうひぞく》」の立場を貫いたと伝えられています。

その教信の生きざまを、彼が亡くなった四〇〇年後に敬慕《けいぼ》したのが、浄土真宗《じょうどしんしゅう》の開祖・親鸞《しんらん》であり、右に紹介した教えを残した時宗《じしゅう》の開祖・一遍でした。

非僧非俗とは「出家でもなければ在家でもない」という姿勢を自嘲《じちょう》したことばです。教信は一見堕落した愚か者に見えますが、実は、人として素直に生き、念仏に身を挺《てい》した修行者なのです。というのも、教信は、順魔と逆魔を遠ざける僧侶たちから離れ、自ら非僧非俗という立場となって正面から順魔と逆魔を受け入れ、そこから生じる苦悩と対峙しながら、念仏をとなえ続けたとされるからです。

一遍は、順魔は「妻子や財産」のこと、逆魔は「病患災難」のことだと具体的に明示していますが、それは自らの経験と教信の伝説から学んだことのようです。

苦悩を生みだす魔は、外からふいに訪れるのではなく、心のスキマにつねに棲《す》んでいるもの。その魔を寝起きさせているのは、ほかならぬ自分の心なのです。

6章

どっしりと、地に足をつけることば

「いざ」という時、「ここぞ」という時

人からの「苦言」こそ聞く

わたしに直接いいにくいのならば、ほかの人を通してでも、陰口でも、何でもいいので、「わたしの悪いところ」を話してください。わたしは、それを聞き、真摯《しんし》に受け止め、自らの心のあり方を直そうといつも思っています。

――蓮如《れんにょ》

インドでは現在もなおカーストによる格差社会が存在し、階級制、男性優位、職業差別など古《いにしえ》の風潮が根強く残っています。いまから約二五〇〇年前、そうした〝差別〟が人の苦しみの原因であり、人は本来〝平等〟と説いたのが仏教の開祖・釈迦《しゃか》でした。ところが、釈迦入滅《にゅうめつ》後の仏教は、インド社会では少数派であったことから、根深く定着している階級制などの差別的な考えを教えの中へ次第に取り入れていきます。そして、その教えが中国でさらに誇張されて訳されて日本へと伝わっていきました。

ですから、日本の仏教にも〝女性蔑視的な教え〟が存在します。蓮如はそうした差別意識に立ち向かい、「女性も平等に救われる」という教えを説いた一人です。

彼が浄土真宗《じょうどしんしゅう》の中興《ちゅうこう》の祖とされるのは、当時としては珍しいフェミニズムに富んだその教えに共感した女性たちが数多く入信したこと。さらに、どんな人も軽蔑せず平等に接したことにあります。そんな蓮如の人柄が見えるのが右に紹介したことばです。

自分の心を磨くヒントは苦言の中にある――これは元プロ野球選手の桑田真澄氏が後輩の投手に送った助言ですが、彼はその理由をこう語っています。

「悪い癖はすぐに身につくけど、良い癖はなかなか身につかないよな。だから、甘言より苦言に耳を傾けて、体だけでなく、心を鍛錬することも大切なんだよ」

過去を悔やまず、未来を憂えず

戻らない過去を想い、くよくよしてはいけません。また未来をあれこれと考えて、心配してはいけません。大切なことは、自分がいまやるべきことをよく観察し、心を揺るがさず、今日やるべきことに最善を尽くすことです。

——釈迦《しやか》

これは『マッジマ・ニカーヤ』（中阿含経《ちゅうあごんきょう》）という原始経典の一節ですが、釈迦は口癖のようにこの教えを説いていたと伝えられています。

考えてみてください。あなたはどんなときに心に苦しみや不安を感じるでしょうか。過去の失敗経験を思いだしたとき、あるいは楽しかった出来事は二度と戻らないと憶《おも》うとき。また逆に、眼に見えぬ未来を想《おも》うとき、必ず訪れる死を念《おも》うとき……。

わたしたちが心の中で苦しみや不安を抱くときの主な原因は、このように自分の過去や未来について考えすぎてしまうことにあると釈迦は教えています。

ただ過去や未来を思うだけでは、わたしたちの苦しみや不安は心の中で無限にふくらみ、それが自分を縛りつけて自身を動けなくしてしまうというわけです。

そうならないためには、〝おもう〟を〝考える〟に変えてみる。それも、ただ考えるのではなく、「自分はいま何をすべきか」をよく考え、考えがまとまったらすぐ言行で実践するのが仏法の基本。そして自分がいまやるべきことに集中すればするほど、最善を尽くせば尽くすほど、心の中の苦しみや不安はいつの間にか消えています。

苦しみや不安は、ほかの何かに救ってもらいたいと思いがちになりますが、実は一瞬一瞬「自分がいまやるべきこと」を考え、それに集中することで解消できるのです。

平常心という〝心構え〟

何かを行う際に、その機会を狙って事を行うのは、上手なことではありません。また「やるぞ」と構えを先に見せては、何事も確実にやり通すのが難しくなります。大切なのは、普段からその心構えをしておくことです。

――道元《どうげん》

これは道元の晩年の言行を集めた『永平広録《えいへいこうろく》』にあることばで、のちの時代には武士や商人の間でも人生訓の一つとして語られてきた教えです。

「何かを成功させたい」「自分のものにしたい」と思うとき、大概の人は、成功の確率が高い機会を探し、そのときを狙う。あるいは自らの心を奮い立たせるために自分のやる気をあらわにし、その勢いで事に挑むことでしょう。

確かにそれで自分の思い通りに事が運ぶこともありますが、そのほとんどは思い通りにならないもの。また一時は思い通りになったと感じても、時間の経過とともに再び思い通りにならなくなる。機を狙い、ただ勢いにまかせるだけでは、結果的に自分の思い通りにはならない――という現実を教えているのが右に紹介したことばです。

では、自分の思い通りに事を運ぶには、どうすればいいのでしょうか。

その答えを道元は「日常の生活の中にある」と教えています。つまり、何かを得るためには、急に特別なことをするのでなく、日頃からそれに必要なことをコツコツと積み重ねていく。それが自分にとって日常的なものとなったとき、自然に受け入れられる（あるいは自然に離れていく）ようになるというわけです。

そうした日常の努力の積み重ねで得られるものが、成功を導く〝心構え〟です。

過ちは、素直に懺悔する

いくら小さな罪でも、犯した罪を懺悔《さんげ》する心がなければ、悪道を歩むことは免《まぬか》れられません。一方、大逆《たいぎやく》（人倫に背く悪行）を行っても、自分の犯した罪を深く懺悔し、その責任を心から感じることができれば、その罪は消えます。

——日蓮《にちれん》

この教えは、日蓮が光日房《こうにちぼう》（光日尼《こうにちに》）へ送った手紙『光日房御書《ごしょ》』に綴《つづ》られていることばです。光日房は、武士であった息子の弥四郎が死んだとき、次のような悩みを日蓮に打ち明けていました。

「弥四郎は生前にたくさんの人を殺しました。ですから、地獄に行ってしまったのではないかと心配です。いったい、わたしはどうしたらよいのでしょうか……」

この問いに日蓮が答えたのが右の教えです。弥四郎が罪を〝懺悔〟すれば罪は消えると断言し、さらに「あなたが一生懸命に信仰をしているから、その回向《えこう》（自ら修《おさ》めた信仰の功徳《くどく》が他者の利益に巡る）があるから大丈夫」と日蓮は書しています。

どんなわずかな罪でも、それを自ら罪と認識した瞬間、心ある人は心の中ですぐに反省をします。しかし、世間には「反省だけなら、猿でもできる」と辛口の意見をいう人が多く、悪いことをしたと反省するだけでは許されません。

仏からも、人からも、許しを得るポイントは、反省後の〝ことばと行い〟。罪を犯したときに必要なことは、その罪を悔い、悔いを糧《かて》にして自らの考えと行動を改める――これを仏教では「懺悔」といいます、口先の謝罪より、罪を犯さない〝良識〟を持ち、行いで示すことで、自らの心も周囲の心も救われます。

余裕を持って努力すると……

一丈《じょう》（三・〇三メートル）の堀を乗り越えようと思う人は、一丈五尺（四・五四五メートル）を越えようと努力するべきです。自分のやるべきことはつねに余裕を持って努力すると、心にゆとりが生まれてはかどるものです。

——法然《ほうねん》

「念仏を信ぜん人はたとえ一代の法をよくよく学すとも、一文不知《いちもんふち》の愚鈍《ぐどん》の身になして、～中略～、知者の振る舞いをせずして、ただ一向に念仏すべし」

これは『一枚起請文《いちまいきしょうもん》』と呼ばれる、法然が臨終の際に説いた最後の教えのことばです。この教えのすごい点は「仏法をよく学んで頭でっかちになる人より、むしろ愚者の自覚がある人のほうが救われる」というところ。「バカになれ」という意味ではなく、功利や打算を持たずに「ひたすら念仏をとなえなさい」という意味で、一般に換言すると「何事も基本を大切にひたすら努力しなさい」という点です。

最近は、何につけても簡単で安易なものばかりを求め、できる限り省略し、困難なことは避けて通るのが〝現代の常識〟と考える人が増えています。

しかし、そんな考え方の人は、予想外の出来事が起こるとすぐにパニックに陥り、自分がすべきことや避けて通れない肝心なことが見えなくなってしまうようです。

先に述べた「愚者の自覚」、右に紹介した「努力は一・五割増しで行う」という教えは七〇〇年以上も前の教えですが、時代に関係のない〝真理〟といえるものです。「いざというとき」「困ったとき」「何かあったとき」にこそ、自分の真価を思い通りに発揮したければ、日頃からこの二つの教えを自分らしく実践してみましょう。

足るを知る

雨を浴びるようにお金をどれだけ手に入れても、人間の欲は尽きることがありません。ほとけの知恵を持つ賢い人は、そうした欲にこだわることが苦しみの原因になると知っているため、自らの足りる分を知っています。

――釈迦《しやか》

中国の道教《どうきょう》の祖・老子《ろうし》は『老子道徳経《どうとくきょう》』の中で「知足者富（満足することを知るのが、ほんとうに豊かな人である）」と説いていますが、インドの釈迦も『ダンマパダ』（『法句経《ほっくきょう》』）の中で同様のことを説いています。それが右に紹介した教えです。

人間が「世の中は金次第」といいだしたのは、実は最近のことではありません。釈迦や老子、孔子の生きていた時代から、すでにそうした格言が人々の間で語られており、世の中には〝拝金主義者〟が存在していたようです。

もちろん、現代に比べれば、その数はかなり少なかったことでしょう。しかし、自分の欲望ばかりを追いかけ、欲望が尽きないために自分を見失い、やがてすべてを失ってしまう人――いつの時代にも存在する、自分の欲望をコントロールできない人――の結末を、釈迦も、老子も実際に数多く見てきたのでしょう。

そもそも人間には、お金や物を持てば持つほど、また買えば買うほど、さらに欲しくなる「渇愛《かつあい》」という無限の欲望が心の底にあると釈迦は教えています。

欲望が大きくなればなるほど、どんなに物質的に裕福になっても、心に怒りと苦しみは増していく。この真理は、釈迦だけでなく、いまも昔も賢人たちは知っています。必要なものを、必要なときに、必要な分だけ得る。彼らはそれしか手にしません。

死ぬ気でやってみる

生きていくための呼吸は、息を吸うことから始まるのではなく、息をすべて吐きだすことから始まります。これと同様に、ものごとをするときは、いつ死んでもいいという覚悟を決めてから事を行うほうがよいのです。

——日蓮《にちれん》

日蓮が弟子の妙法尼《みょうほうに》へ送った手紙『妙法尼御前御返事《ごぜんごへんじ》』にある教えで、いわゆる後悔のない人生を歩むための志について諭《さと》したものです。

世間には「死ぬ気になれば何でもできる」という人がよくいます。確かにそうして人生の苦難を乗り切った人もいますが、実際にはその思いはあっても実行に移せず、何もできないものです。そんな現実を理解していた日蓮が「生きる」ために不可欠な「息」を例にあげて、死の覚悟とは「死ぬ際に後悔のないよう、つねに自分を新たにして生きること」であると示したのが、右に紹介した教えです。

九十七歳で現役の医師であり、聖路加国際病院理事長である日野原重明《ひのはらしげあき》氏は、毎年元旦になると、胸いっぱいの息を吸って、生きる喜びを再確認しているそうです。

また、彼は七十五歳を過ぎた頃から一日に摂取するカロリー量を普通の成人男性の六〇％程度（約一三〇〇キロカロリー）に制限して食事の内容を変え、同時に睡眠時間や運動など、それまでの習慣も思い切って変えたといいます。その理由は、「いつも健康感にあふれ、さわやかな心で一日を生きたいと思ったから」なのだそうです。

誰にでも老化が起こり、死は近づきますが、大切なのは開き直りではありません。自分の健康感をつねに自覚し、「これから」という心意気を持つことにあります。

「昨日の自分」はもう過去の人

仏道をならうというのは、自己をならうこと。自己をならうというのは、自己を忘れることです。いまの自分に執着《しゅうちゃく》せず、つねに現状の自分を打ち破り、何ものにも束縛されない新たな心、自由な心を得ることです。

――道元《どうげん》

道元が禅の本質を論じ、坐禅をはじめとした自らの体験と思索によって築いた思想を編纂《へんさん》した『正法眼蔵《しょうぼうげんぞう》』にある教えです。

現在の仏教は「仏を拝むこと」が主流になっています。しかし、もともと釈迦が説いた教えや、のちの時代にその教えに回帰した禅宗の教えでは、何よりも「自分とは何か」ということを深く考察することを大切にしています。

いまの自分を見つめ、仏法の教えを学び実践することで、自らの知恵（心）を日々磨いていく。自らの心の苦しみは、「自分の知恵を高めることでしか救えない」としているのです。その教えは宗教というより今日の心理学や哲学、脳科学に近い教えで、実際に共通する部分もかなりあります。道元の禅の教えもその一つです。

わたしたちが何かを学ぼうとするとき、もっとも邪魔をするのが「それは知っている」「恥をかきたくない」など、自分の心の中にあるさまざまな想いです。そうした余計な想いやそこから生まれる、なまけの感情をまず自覚し、それをできる限り捨てていく。その上で、すべてを新たなものとして受け入れて考察することで、それまで見えなかったものが見えてくる――それが〝ならう〟ということです。

人は学び習うことで必ず進歩します。昨日と同じ自分は、そこにはいないのです。

他人の幸せは自分の幸せ

日本の仏教にはさまざまな宗派がありますが、その教えはたった一つの意味に集約することができます。それは「我（自分だけという欲望）」を捨て、ひとえに「他」のためにものごとをなして、「私」から離れることです。

――叡《えい》尊《そん》

鎌倉時代の真言律宗《しんごんりっしゅう》・叡尊の説法集『興正菩薩御《こうしょうぼさつご》教誡聴聞集《きょうかいちょうもんしゅう》』にある教えです。

現代科学者の中には「釈迦が説いた仏教は、たいへん科学的な教え」という人がいますが、その理由は「釈迦の教えには法則性がある」からだそうです。たとえば〝縁起《えんぎ》〟という教えは、人間の苦しみの原因・プロセス・結果までのつながりを考察する法則であるといい、わたしたちはその法則性を理解することで、自分を苦しみから解放する知恵を得ることができ、その知恵で自らを救うというわけです。

そう考えてみると、今日でも仏教が自分の知恵を磨くこと（自利《じり》）を大切にしている意味がよくわかりますが、日本の仏教宗派の教えには「他に功徳《くどく》を施《ほどこ》し済度《さいど》する（他利《たり》）」という、釈迦以後に加えられた教えがあることを忘れてはなりません。

古代の日本人は、自然や先祖に「生かされている」という感謝の気持ちや調和を大切にする心を持っていました。仏教という渡来の宗教思想が、そんな当時の日本人の心にスムーズに受け入れられたのはなぜか。それは、苦悩を開放する法則とともに、大乗《だいじょう》仏教の「他の人々へ慈悲（功徳）を施す」という教えがあったからです。

仏法で知恵を磨き、他のために事をなし、私から離れて自然と一体になる――それが仏教の教えでより豊かになった日本人の心。あなたも、その心を受け継いでいます。

運命は心の持ち方次第

自分に定まった宿命から免《まぬか》れることは難しいが、まだ自分に定まっていない運命を変えることはできます。自分の考え方や言動を、つねに善《よ》いほうへと改め、その心で自分に関わるすべてのものと接すれば変わっていきます。

――最澄《さいちょう》

最澄が『山家学生式《さんげがくしょうしき》』とともに著した『顕戒論《けんかいろん》』は、当時権力を握っていた奈良の南都仏教と対峙《たいじ》し、日本の天台宗《てんだいしゅう》を設立する目的で綴《つづ》られた、大乗《だいじょう》仏教独自の戒律《かいりつ》の思想をシンプルに表した書物です。右に紹介したことばはその一節にある教えです。

現代の心理学では、自分の悩みや問題の原因に対するとき、まずは心の中でリハーサルを行って、心の負担を軽減する「メンタル・リハーサル」という方法があるそうです。これは芝居を演じる主役が本番前に実際の舞台の上で本番と同様の稽古（リハーサル）を行うのと同じように、自分の問題に正面から向かい合うため、事前に自分の心の中でそれをシミュレーションする。そうして客観的に自分の考え方や言動を考察し、負担のない方法を前もって見つけだしておくというものです。

確かに人は、自分に定まった〝宿命〟から逃れることがなかなかできません。

しかし、定まっていない〝運命〟に関しては、最澄のいう通り、自分次第で変えることができる可能性があります。具体的には、それまでの人生で「不運」という舞台の主役になった自分の言動やそのときの考え方を振り返るメンタル・リハーサルを何度も行い、その反省すべき点を積極的に改善して、自分のものにすることです。

自分の「運命」という舞台で悔いなき主役を演じるには、その努力が欠かせません。

もっと〝物〟を大切に

物は大は大、小は小、それぞれ活かして使いなさい。古い水も庭木にかければ草木は喜び、水を活かすことができる。水一滴も死にはしない。みな生きて働くものです。物を活かすことができれば、あなたも活き返ります。

——橋本《はしもと》峩山《がざん》

臨済宗《りんざいしゅう》の禅僧・峩山は、明治時代の住友家（住友財閥）の初代総理人・広瀬宰平《さいへい》と第二代総理人・伊庭貞剛《いばていごう》と親交があり、幕末の「禁門《きんもん》の変」で京都・嵐山の天龍寺が焼かれた際には、再興のためにこの二人が大きな助けとなってくれたそうです。

特に伊庭との関係は、彼が衆議院議員に当選したときに峩山が送った手紙を通して知ることができます。その内容は「衆議院議員ご当選の由、さだめてご迷惑と存じ候」。

これは「当選おめでとうございます」ではなく、「政治家は、あなたには向いていないから、早くおやめなさい」という意味。いくら歯に衣を着せない禅僧でも、こんなことは真の友人でなければいえない信言です。

その翌年、住友家の当主が相次いで亡くなって女性だけになり、住友家の事業に支障が発生。伊庭は広瀬から実業家へ戻るように要請されて、政治家をあっさりとやめています。その決断には、峩山の手紙の影響が少なからずあったことでしょう。

右に紹介した説法は、峩山がつねに修行僧たちへ教えていたことで、意訳すると「ものごとを適材適所に活かし無駄をなくすことが、そのまま自分の生きる力になる」ということ。適材適所に〝活かす〟とは、ものごとを紋切り型に行うことではなく、一瞬一瞬に知恵を使い、そのときごとに適した発言と行動をすることです。

心を広く、広く、もっと広く

偏《かたよ》らない心、こだわらない心、とらわれない心、広く、広く、もっと広く、これが般《はん》若《にゃ》心《しん》経《ぎょう》の「空《くう》」の心なり。

仏法はまるい心の教えなり。明るい心の教えなり。清浄なる心の教えなり。おかげさまなる心の教えなり。

——高田好胤《こういん》

昭和時代に奈良・薬師寺《やくしじ》の名物管長として知られた高田好胤が、修学旅行で訪れた学生たちへ説いた法話のことばです。好胤は『般若心経』に説かれている「空」という心のあり方、ものごとの考え方を、小学生や中学生にもわかるようにと「偏らない心」「こだわらない心」「とらわれない心」というシンプルなことばで表現し、さらに「広く、広く、もっと広く」と、心が広大に成長する大切さを説き続けた僧です。

わたしたちの世界は、身体で感じる「物質的世界」と心で感じる「精神的世界」でつくられています。しかし、その世界のすべてのものは、わたし（自分）のもの、他人のもの、これは誰々のもの、あれは誰かのもの……という〝もの〟は本来一つもありません。わたしたちはそれがあると想うと、そこから欲望が表れて、心が偏り、こだわり、とらわれてしまい、それを原因にしてさまざまな苦しみが生まれてしまう。

ならば逆に、つねに心をとらわれず、こだわらないように、偏らないようにして、できるだけ広い心を持って、苦しみを生みださないようにしていく――それが、わたしたちが持つべき「空」の心のあり方だというわけです。

とはいえ、この三つの心を守るのは、修行僧でも至難の業。まずは「広く、広く、もっと広く」と心の器を広げる意識をつねに持つことから始めましょう。

「いい言葉」は声に出す

万物《ばんぶつ》を構成する地・水・火・風・空には響きがあり、悟《さと》りへ至る四つの世界と輪廻《りんね》を繰り返す六つの世界にはことばが具《そな》わり、眼・耳・鼻・舌・身・意で感じるものは文字で表される。仏の姿は、そのすべてに現れています。

——空海《くうかい》

空海は、真言宗《しんごんしゅう》の開祖というだけでなく、漢文の読解能力をはじめ、当時の中国語などの外国の言語能力にも優れた才能を有し、のちに「いろは歌」の作成につながる「和語」（日本語の原型）の創始者的存在として位置づけられている人物です。

右に紹介したことばは、そんな空海の世界観（密教《みっきょう》の世界観）――文字と音声はそのまま、宇宙の真理の大日如来《だいにちにょらい》を本質的に表す――を説いたもので、ことばと文字の本質を密教の立場から解明した空海の著書『声字実相義《しょうじじつそうぎ》』にある教えです。

真言宗という宗派の名称は、仏（如来）や菩薩《ぼさつ》の真のことば、密教の教えを秘めている呪術的なことばを「真言」と名づけて重んじていることに由来します。真言はことばの持つ意味より、その音（声）の響きに力があるとされ、一般には『般若心経《はんにゃしんぎょう》』の最後に記されている「ギャテイ、ギャテイ、ハラギャテイ、ハラソウギャテイ、ボウジソワカ」がよく知られています。

最近は脳科学の分野でも、脳に影響を与える〝文字〟と〝音声〟の研究が進み、人間は文字だけで記憶や理解をするより、眼で見た文字を自分の声に出して読み上げて耳で聞くほうが、より効果的な成果を得られることが明らかにされています。

沈黙は金ですが、声にすべきことを〝声に出す〟のも金の価値があるのです。

持たない暮らし

念仏の行者《ぎょうじゃ》は、知恵も愚痴《ぐち》も捨て、善悪の境界も捨て、地獄を恐れる心も捨て、極楽《ごくらく》を願う心も捨て、仏教の諸宗派の悟《さと》りも捨て、すべてのことを捨て去って、一心に仏を念じてこそ、阿弥陀仏《あみだぶつ》の本願《ほんがん》にもっともかないます。

——一遍《いっぺん》

阿弥陀仏の住む〝極楽浄土《ごくらくじょうど》〟に往生《おうじょう》することを願う大乗仏教《だいじょう》の教えを「浄土教《じょうどきょう》」といいます。一遍が開いた「時宗《じしゅう》」は、その教えが説かれた『阿弥陀経《あみだきょう》』の一節の「臨《りん》命終時《みょうじゅうじ》」から名づけられたといわれています。

医者は人の命が亡くなることを確認すると「ご臨終《りんじゅう》です」と、見守っていた親族や友人の方に告げます。この臨終は、実は「臨命終時」を省略したことばで、書き下し文にすると「命終の時に臨《のぞ》むなり」となります。つまり、「命の終わりの時に臨んでいる」という意味で、「死んで終わり」ということではなく、「人としての命が終わり、いま浄土へ向かおうとしている」というニュアンスのことばなのです。

この「臨命終時」という教えには、死ぬときだけでなく、生きている日常も「臨終」と心得て、つねに一心になる（念仏をとなえる）ことが大切という意味もあります。そのために必要なことは、何かを手に入れるのではなく、不必要なものを捨てること。それを教えているのが『一遍上人語録《しょうにんごろく》』に記されている、右に紹介した説法です。

実際に、一遍は、自分の住む寺を生涯持たず、生活に必要で持ち歩いていたわずかな所持品すら、臨終の前に残らず焼き捨ててから亡くなったと伝えられています。

世間でいう「しあわせ」も、欲張るより、意外に捨てることから始まるものです。

生きているだけですばらしい

わたしたち人間の儚《はかな》い人生をよくよく観てみると、思慮《しりょ》分別《ふんべつ》がない浅はかな人は、この世のすべてを幻のように感じて臨終《りんじゅう》を迎えます。いまだに人間の身体は永遠に生きることはできず、人の一生はすぐに過ぎていきます。

――蓮如《れんにょ》

これは、蓮如の有名な御文《おふみ》の一つ『白骨《はっこつ》の御文』の一節にある教えです。

白骨という物騒なタイトルは「朝に紅顔《こうがん》を誇っていた人の身も、夕には白骨化するように、人間の実相《じっそう》は儚い」という手紙の内容からつけられたもの。蓮如がこの御文を書いたのは、次のような浄土真宗《じょうどしんしゅう》信者の願いがあったからと伝えられています。

世間の評判になるほど美しい娘が、婚礼を迎えた朝に急病であっけなく亡くなり、それを悲しむ父の姿を見ていた蓮如の門徒も、その後すぐに自分の娘を不慮の災難で亡くしてしまいます。『白骨の御文』は、その門徒の「娘を失った悲しみは、どうすれば癒されるのか教えてください」という願いにより綴《つづ》られた手紙なのです。

現代は「自分の『命』は自分個人のものだから、自殺をするのも個人の自由」と考える人が増えているそうです。しかし、そんな考えの人も、娘を失った二人の父の心情を考えれば、命というのは決して自分だけのものではないことがわかるでしょう。

命は、自ら絶つことをしなくても、必ず終わりが来るもの。しかも、それがいつ、どのように訪れるかもわからない――命とはそれほど儚く、もろいものなのです。

だからこそ目を背けずに、それがリアル（ほんとうの現実）だとしっかり認識する。命の意味、生きる意味、そしていまを大切にする意味は、そこから見えてきます。

7章

やすらぎのちから
ほとけのちからは
いのちにちから
けんこうに

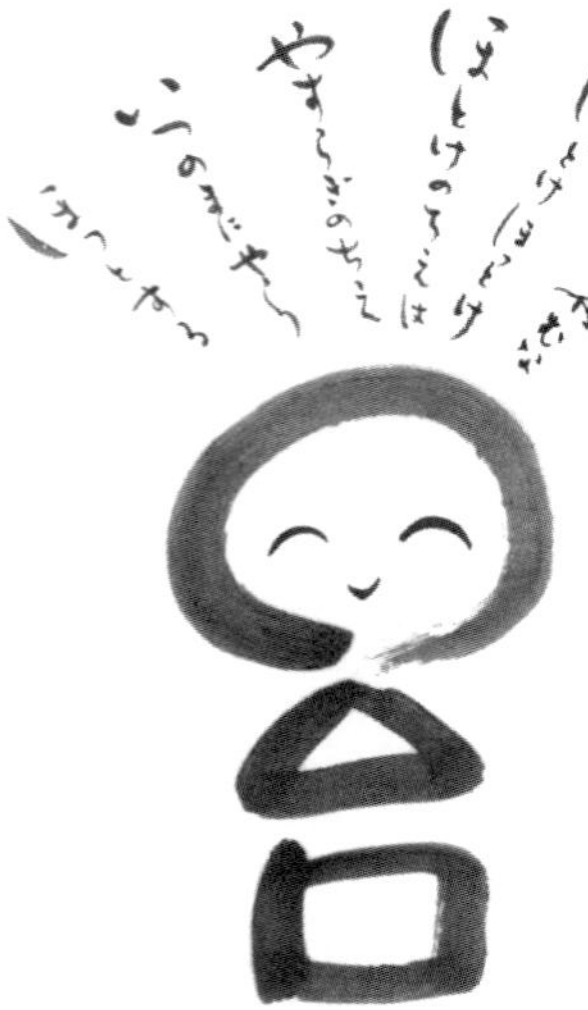

すっきりと、元気になることば

さあ、今日一日を大切に生きよう

深呼吸は元気の源

宇宙生成の根源であり、形はないが「無《む》」ではない、すべての物や気の本体を、仏教では「太虚《たいきょ》」といいます。

わたしたちの心は、その無形の太虚を包み込むことによって、「元気」というエネルギーが満ちあふれるのです。

——栄西《えいさい》

新たな仏教の教えとして〝禅〟を日本へもたらした栄西が、当時の仏教界から受けた非難攻撃に対し、禅宗こそ鎮護《ちんご》国家に必要と論じた『興禅護国論《こうぜんごこくろん》』の一節です。「元気があれば、何でもできる」。これは日本を代表するプロレスラー・アントニオ猪木氏が詩として発表して世間で流行ったことばですが、もしも現代に栄西がいたら同様のことをいっていたかもしれません。なぜなら栄西は、禅の教えこそが人の〝元気〟を生みだし、それが鎮護国家のエネルギーになると説いていたからです。

現代人の多くは、元気のエネルギーを「食事」と「お金」と思い込んでいますが、実際にはそれらがいくら満ち足りても、ほんとうの意味で〝元気〟にはなりません。〝元気〟に必要なものは「身体」と「心」を健全に働かせるエネルギー。確かに食事は「身体」の大切なエネルギーになりますが、それより不可欠なエネルギーは生命を維持する〝息〟です。つまり、人間の元気の源は、「自ら呼吸を正しく整えること」にあると禅では教えています。また「心」の元気も欲望や執着というエネルギーから得られるものではありません。逆にそれらをできるだけセーブして心の器を空《から》にしていく——それによって生まれる気持ちの余裕が心の元気エネルギーになるのです。

元気が足りないと思ったら、ゆっくり深呼吸をして心を空にしてみましょう。

ぐずぐずするのをやめる

何か行動を起こそうと欲したならば、「する」「しない」という決断に迷わず、とにかくすぐに行いなさい。迷ったままで、ためらったままで、ぐずぐずして決行しないでいると、やらない間に好機を逃してしまうものです。

――臨済《りんざい》

「無位《むい》の真人《しんにん》」など独特の禅語を使って、生身の人間を〝仏〟と同じ価値のものとして論じ、ほんとうの自由人のあり方を説いた臨済宗《りんざいしゅう》の開祖・臨済。この教えは、その語録『臨済録』にあるもので、世間でいう「好機」とは少し意味が異なります。

禅宗では、修行者たちが〝悟《さと》りに至る過程〟を、「漸悟《ぜんご》」と「頓悟《とんご》」の二つあると説いています。「漸悟」とは、順序を踏んでゆっくりと着実に悟ること。一方「頓悟」とは、急に、突然に、感覚的に悟ることです。

本来、この二つに優劣はありませんが、禅宗の祖師《そし》たちは弟子に漸悟、つまり順序を踏んでゆっくりと着実に悟るほうを好ましいとして伝えています。その理由は、実は頓悟も特別な修行をして得られるのではなく、日々地道な修行を実践し続けているからこそ、ある日、あるとき、突然として得られるものだからです。

とにかくすぐに行いなさい――この臨済のことばには、そうした修行者としての深い意味もあり、行動を躊躇《ちゅうちょ》させる心の迷いが「好機」を失う原因と教えているのです。

最近の脳科学でも、人間の閃き《ひらめ》（頓悟）は、急に得られるものでなく、それまでにずっと考えていた別々のものが、あるとき一つにつながって起こる現象と説明しています。あなたもそんな閃きがあれば〝好機〟。迷わず、すぐに行動へ移しましょう。

何があっても「助け合う」

夫婦という関係では、女性（妻）は男性（夫）をなくてはならない「財産」とし、男性（夫）は女性（妻）をかけがえのない「命」とし、どんなときも、ともに助け合って生きていく。それが夫婦として最も大切なことです。

――日蓮《にちれん》

　日蓮が書した『上野殿御返事《うえのどのごへんじ》』という手紙に綴られた有名な教えです。上野殿とは、日蓮の教えに敬虔《けいけん》な信仰をよせた南条時光《ときみつ》のことで、彼が駿河《するが》国富士郡（現在の静岡県富士宮市）の上野郷の地頭《じとう》であったことからこう呼ばれたそうです。

　日蓮は、このほかにも佐渡の阿仏房《あぶつぼう》の妻で、夫とともに日蓮の弟子となって仕えた千日尼《せんにちに》へ送った手紙『千日尼御返事』の中で次の教えを説いています。

「男は柱のごとし、女は桁《なかわ》のごとし」

　これは日蓮が理想とする夫婦の姿をたとえたものです。家にたとえるならば、夫は柱であり、妻はその柱を支える桁。もし柱が倒れたら、桁は地に落ちてしまうし、ほかの部材を支える桁がなければ、家は家として成り立ちません。

　夫婦はこのようにしてお互いが助け合って、家族を支えていくものと日蓮はつねに説いていたといいます。

　他人同士のときは〝遠慮〟という程好い距離があったので、お互い仲良しだった。でも、夫婦になったらそれがなくなり、距離が近づくほど行き違ってしまう――そんな思いをしていたら、この教えを心にして、再び距離を空けてみてはどうでしょう。〝遠慮〟があった頃によく使った「ありがとう」という素敵なことばとともに。

余計なことは放念する

邪《よこしま》な考えを抱いたり、おごり高ぶったり、他人を侮《あなど》ったり、軽んじる人は、仏の教えを信じることができません。その悪性はなかなか止め難いもので、心は自分が恐れ嫌う心となり、その行いも思い通りにはいきません。

——親鸞《しんらん》

〝他力本願《たりきほんがん》〟や〝極楽往生《ごくらくじょうど》〟などが説かれた浄土真宗《じょうどしんしゅう》の根本経典である、親鸞の著書『教行信証《きょうぎょうしんしょう》』と『正像末和讃《しょうぞうまつわさん》』の中から抜粋した教えです。

一心に信じる――これは仏教の教えだけでなく、わたしたち人間が生きていく上で大切なことです。なぜなら、余計な思いや考えを捨てて、何かを一心に信じることができれば、心は一つに落ち着き、ブレない安心を得られるからです。

ただし、無闇やたらに一心になればいいというわけではなく、一心に信じながらも、つねに自分の心のあり方を客観的に見つめることを忘れてはなりません。

心の中に道を外れた考えや思い上がり、バカにする気持ちが生じると、それが信じる心を乱す原因となり、その行動に必ず悪影響を及ぼしていく。そんな人の性質を、親鸞は誰よりも理解していたからこの教えを説いたのでしょう。

一方、今日では、肩書きや容姿あるいは科学めいた解説など、一見しただけでもっともらしい雰囲気があれば、ものごとをすぐに信じる人が多く、その薄っぺらな一心を悪意で利用した詐欺や偽装事件が年々増加……それが現代の悲しい一面です。

「信じる者は救われる」という箴言《しんげん》がありますが、安易な信用はケガのもと。まずは、その対象を「一心に信じられるか」を考えることが大切です。

祈ることで救われる

加持祈禱《かじきとう》など、祈ることによって病気が治り、生きる人の生命が延びることがあるならば、この世で病気をしたり、死んだりする人は、誰一人としていないはずです。祈ることによって救われるのは、一人ひとりの心です。

――法然《ほうねん》

鎌倉幕府の初代将軍・源頼朝の妻であり、北条時政の長女であった北条政子《まさこ》。この教えは、夫・頼朝の死を機縁《きえん》として髪をおろし〝尼《あま》〟となった彼女が、法然に浄土宗《じょうどしゅう》の教えをわかりやすく説いていただいた書簡『浄土宗略抄《りゃくしょう》』にあるものです。

「苦しいときの神頼み」あるいは「かなわぬときの神頼み」ということわざがありますが、今日でも病気やケガをすると、大概の日本人は神や仏に救いの手を求めます。それまでは一年に一度、初詣のときしか神様を拝まなかった人でも、このときばかりは必死に手を合わせ、また「加持祈禱をすれば病気は治る」と耳にすれば、何の疑いもなくそれを信じ、わざわざ大金を払って病気の治癒を祈るわけです。

でも、祈ることによってほんとうに病気が治り、生命が延びることがあるならば、この世の中で、病気で苦しんだり、早死にする人はいなくなるはずですが、どちらも一向に減りません。そんな現実を冷静に解き明かしたのが、右に紹介した教えです。

極端にいうと、仏教には「体の病気を治す」という教えは一つもありません。ただし、法然の説いた「南無阿弥陀仏《なむあみだぶつ》」ととなえる念仏のように、どんな健康状態の人でも、心を〝元気〟にする教えは数多くあります。一般に「病は気から」といいますが、その〝気〟を、〝生きる力〟を処方するのが仏法の教えなのです。

イヤなことにあえて飛び込む

寒いときは、寒さから逃げずに自分を寒さの中において殺し、暑いときには、暑さから逃げずに自分を暑さの中において殺す。嫌なことは、このようにして毅《き》然《ぜん》と立ち向かって自ら一体となれば、おのずとなくなるものです。

――洞《とう》山《ざん》

唐代の禅僧・洞山良价《りょうかい》の言行を集めた『洞山録』にある教えです。ある修行僧が「季節ごとに厳しい寒さや暑さがやってきますが、どうしたらそれを避けることができるでしょうか?」と質問したとき、洞山はこのことばで答えたそうです。

「暑さ」「寒さ」は、自分が「暑い」「寒い」とその環境を〝分別〟して、避けようとするから振り回されてしまう。暑いときは暑さに徹し、寒いときは寒さに徹し、避けず、嫌がらず、ありのまま自然にまかせれば振り回されることはないという意味ですが、この教えは、単に寒暑の対処法を説いているのではありません。

わたしたちの心の中に、何か苦しみや悩みが生じたとき、避けて通ることや逃れることを考えずに、真正面からその苦しみや悩みを受け止める。そして、いま自分がやれることを考え、それに徹するのがもっとも大切だと教えているのです。

夏の全国高校野球大会では、グラウンド内の気温が四十度を超えることがあるそうです。しかし、選手たちは試合で一球一球に全神経を集中して、よいプレーをすることに心が徹したとき、暑さはまったく気にならないといいます。

どんな嫌なことも、避けて通りたいことも、とにかく逃げずに自分から飛び込んでみる。すると、良し悪しの結果に関係なく、心は一回り大きく、強くなっていきます。

目標を「数字」にしてみる

毎日必ず行う仕事は、それを行う回数（明確な目標）を定めておくべきです。曖昧《あいまい》な目標では、人はだんだんとなまけるようになり、仕事を怠《おこた》るようになるもので、具体的に数を定めることは、とても良い方法なのです。

――法然《ほうねん》

この教えは、法然の入寂《にゅうじゃく》の約一〇〇年後、後伏見《ごふしみ》上皇の勅願《ちょくがん》によって編纂《へんさん》された法然の伝記『法然上人行状絵図《しょうにんぎょうじょうえず》』（別称『勅修御伝《ちょくしゅうごでん》』『四十八巻伝』）にある教えです。

法然は、より多くの人々が阿弥陀仏《あみだぶつ》に救われるようにと「一日に六万遍の念仏をとなえる」ことを自らに課して、それを毎日行い続けたことで知られています。

普通に考えると、六万遍というのは途方もない回数。ですから、「途中で数をごまかしていたのだろう」と下種《げす》な勘繰りをしてしまう人もいるようです。

でも、法然は自ら念仏をとなえた回数を、数珠を使って正確に数え、ほんとうに毎日六万遍となえていました。一説には、法然は阿弥陀仏への祈願だけでなく、自分の心の中にある「なまけたい」という気持ちと正面から対峙するために、六万遍という膨大な回数を定め、あえて毎日のノルマにしていたといいます。

一般のわたしたちにとって〝六万回〟という数字はあまりにも突飛な数ですが、日々何かをするときに「明確な目標を定めておく」というのは大切なことです。

なぜなら、定めた目標を毎日コツコツと確実にこなしていくことで、つねに自分の心にある「なまけたい」という邪《よこしま》な気持ちを打ち負かせるようになり、その積み重ねが自らの〝自信〟や〝生きるエネルギー〟に変換されるからです。

まずは心を一つにする

一人の心であってもその心が二つに異なっていれば、何事も成就《じょうじゅ》することはなく、百人や千人いても、その心が一つになれば、ものごとは必ず成就します。日本人は心が一つになっていないので、何事も成就するのは難しい。

——日蓮《にちれん》

これは、日蓮が、駿河《するが》（現在の静岡県）の中心的な信徒であった高橋六郎兵衛入《にゅう》道《どう》に送ったと推測されている御書《ごしょ》『異体同心事《いたいどうしんじ》』にある教えです。

この手紙で注目すべき点は、「わたしの一門は異体同心（体は異なっても心は同じ）なので、人数は少ないけれど大事を成就して、必ず『法華経《ほけきょう》』は広まるだろう」と記し、そのあとに「日本国の人々は多人数であっても、同体異心なので、何事も成就することは難しい」と明確に述べているところ。いまから七三〇年前の鎌倉時代の日本の人々も、現代の日本人と同じような心境でいたということです。

鎌倉時代は、はじめて武士が権力を握り、経済的には商工業が発展、仏教では浄土《じょうど》宗《しゅう》や日蓮宗《にちれんしゅう》などの新宗派が生まれ、世の中が新たな方向へ大きく動いた時代です。

一方、現代はパソコンやネット社会の発展により、社会環境が急速に変容し、資源の争奪や地球環境の悪化など、世界的な規模で新たな方向へと動いています。

このように新たな社会の動きや問題が次々と起こる時代は、人の心がつねに不安になり、集団も個人も「心を一つにする」のは難しいと、日蓮は教えています。

激動の時代に何か事を成すには、自分の言い分を積極的に述べるより、まず相手（もう一つの心）の言い分を熱心に聞く――それが心を一つにする秘訣です。

自分の行いを必ず「自照」する

どんなことでも、自分がやるべきことに直面したら、ひるむことなく、そのことに正面から立ち向かうべきです。そして、すべてが済んだあとに、必ずそのプロセスを振り返って自分の行いを自照《じしょう》し、確認することが大切です。

——釈宗演《しゃくそうえん》

明治・大正時代に生きた釈宗演は、まさに新しい時代の禅僧で、アメリカではじめて参禅《さんぜん》を行うなど、日本の禅の教えを海外へ広める道を拓《ひら》いた人です。

そんな宗演が残した教えの中に次のことばがあります。

「ピチピチした新鮮な鯛を食べて、美人の舞を見て、三味線を聴いた上で、名高い香を鼻のご馳走にでもするともっとよい。結局、禅は凡夫《ぼんぷ》（煩悩《ぼんのう》にとらわれて迷う人）のための修行である」

一見、生臭坊主の言い訳のように聞こえますが、そうではありません。

『般若心経《はんにゃしんぎょう》』にも記されているように、わたしたちの苦しみや迷いは、眼・耳・鼻・舌・身という五つの感覚器官と意（心）によって生まれます。ならば、その感覚器官で、できるだけ良いもの、美しいもの、優れたもの、安らぐものを感じればいい。禅は普通の人の修行なのだから……と宗演はいっているのです。

仏教では、自分の眼・耳・鼻・舌・身・意を「正しく使う」ように戒《いまし》めていますが、普通の人は、その善し悪しをなかなか自分でつけられないものです。ならば、何をするにもぐずぐずせずに、とにかく自分が善《よ》いと考えること、いまやるべきことを堂々とやってみる。自分にとって何が正しいかは、そのあとの〝自照〟で見えてきます。

いつものやり方を変えてみる

念仏は、ときどき別時の念仏（特定の期間や特別な場所を設けて行う念仏）を修《おさ》めることが大切です。別時は、自分の心と身体の怠慢《たいまん》を引き締めて、より一層の励みをもたらし、心身のすべてをリフレッシュしてくれます。

――法然《ほうねん》

法然の遺文集の一つ『和語灯録《わごとうろく》』にある教えです。わたしたちは、何か一つのことを自分のものにしようとするとき、同じことを繰り返して覚えることを基本とします。ところが、人間の心身は、一定のリズムで同じことばかり繰り返していると、慣れとともに神経が鈍くなり、すべての機能が鎮静化してしまう。悪い言い方をすれば、マンネリ化することで心身が次第にだらけてしまうのです。

そのことを現代の心理学では「単調刺激」と呼ぶそうです。単調刺激による心身のだらけを防ぐには、同じことを繰り返す中で、やり方を変えてみるのが一番の方法なのだそうです。ただし、一新するのではなく、やり方を変えるのは期間や場所を限定したときだけ。それが単調な流れのアクセントとなり、日々の新たな励みになるからです。法然は自らの経験からそのことを学んでいたのでしょう。

学生に試験や修学旅行、社会人に昇進試験や研修、僧侶に仏事や特別な修行を課すのも、一種のやり方の変化で、心身のだらけを引き締める意味があるのです。

いま何かにマンネリを感じ、自分の心身がだらけていると思ったら、いつもと違うやり方を限定的に行ってみてはいかがでしょう。限定的な変化が心身のすべての機能を刺激し、普段のやり方に戻したとき、それが新たな活力となるからです。

師を求める前に、良き弟子になる

草木は、根が深ければ枝葉は枯《か》れることはない。川は、源に水があればその流れは涸《か》れることがない。火は薪《たきぎ》を欠けば絶えてしまい、草木は大地がなければ成長できない。何にでも欠かすことのできない存在があります。

――日蓮《にちれん》

これは、日蓮が浄顕房《じょうけんぼう》と義浄房《ぎじょうぼう》という二人の弟子に宛てた手紙『華果成就御書《かかじょうじゅごしょ》』にある一節で、このあとには「稲は花が咲いて実（米）をつけますが、その米の精は必ず大地におさまり、再び稲となってまた花を咲かせて実をつけます。師弟の関係はこれと同じで、良き弟子をもったならば師弟ともに悟り（良い成果）を得ることができ、悪い弟子を持ったならばともに地獄へとおちてしまいます。また師弟の心が相違すれば、何事も成すことができません」と綴《つづ》られています。

大自然のあらゆるものをよく見てみると、それぞれが生きるためには、それぞれに欠かすことのできない存在があることがわかります。

人間にとっては、心の成長に強い影響を与える〝師〟がその存在であり、またそうした師から学んだ自分の基礎となるものを、つねに心しておかなければ何事も成就《じょうじゅ》しない――日蓮は自らの実体験からそのことを学んだようです。

〝師〟といっても、学校の先生だけでなく、両親、親友など個々それぞれの師があり、また、たとえ悪い人でも反面教師にすれば、それは立派な心の師となります。

現代人の多くは、師の選定や評価ばかりを気にしますが、大切なのは、自らが「良き弟子」となること。そして師から学んだ心のあり方を自分に生かすことです。

時間やお金の無駄使いも「殺生」

「殺生《せっしょう》」にもいろいろなものがあります。時間や金銭を無駄に使うのは、時間や金銭を殺します。力量がないのに、地位に執着《しゅうちゃく》することは政治や仕事を殺します。何も得ていないのに、悟《さと》り顔をする坊主は仏法を殺します。

——橋本峩山《はしもとがざん》

今日、京都・嵐山の名勝となっている天龍寺《てんりゅうじ》を再建した明治時代の臨済宗《りんざいしゅう》の名僧・峩山が弟子の雲水《うんすい》（禅の修行者）たちに説いた教えです。

一般にいう〝殺生〟とは「生きものを殺す」ことですが、このことばの語源は仏教用語にあります。わたしたちの身《しん》（行動）・口《ぐ》（言動）・意《い》（心情）によってつくられる十種の罪悪の一つで、釈迦《しゃか》の時代からその行いを厳しく禁じています。

明治という激動の時代を生きた峩山は、殺生の意味を単純に「生きものの命を絶つ」というだけでなく、「生き生きとしているものごとをダメにしてしまうこと」や「正しい教えをおろそかにすること」でもあると理解していたようです。

それは、若き日の峩山が体験した次の出来事が影響を与えたといわれています。

ある日、峩山は壁にかけられた狩野派《かのうは》の絵師が描いた仏の絵を見ていて、何気なく、「筆数が多すぎて、あまり良い出来ではないな」とつぶやいたそうです。

すると、それをたまたま耳にした師・義堂昌碩《ぎどうしょうせき》が即座にこう一喝。

「出来が悪いのではなく、おまえの口数が多いのじゃ」

わたしたちの身・口・意は、相手への思いやりを欠くと、ものごとを殺してしまい、逆に相手への思いやりがあると、ものごとを生かす働きをするものです。

「感じること」は十人十色

夏の涼しい風も、冬の冷たい風も、どちらも同じ一つの自然現象ですが、それを「快い《こころよ》」または「不快」と感じるのは、一人ひとりの心の働きによるもの。感じるものは同じでも、人が感じとるものは同じではありません。

――空海《くうかい》

空海の住んだ高野山《こうやさん》（和歌山県北東部）は今日もなお風光明媚《ふうこうめいび》なところで、夏に吹く風は冷涼で心地よく、逆に冬に吹く風は寒冷で凍えるほどだといいます。右に紹介した教えは、空海が残した数ある詩の中にある一節です。

わたしたちは、つねに「五感（視覚、聴覚、臭覚、味覚、触覚）」を働かせてあらゆる情報を取り込み、その情報から現実の周囲の環境を把握して、その理解をもとにどんな行動を取るかを「知覚」の働きによって決定します。

ただし、知覚は情報をそのままストレートに認識するのではありません。必ず自分のそれまでの経験やそのときの心理状態を加味して、情報が自分にとって重要なものか重要でないものかの選択をしてから行動に移す働きをします。ですから、わたしたちは同じものを見ても〝自分が感じること〟と〝他人が感じること〟がまったく違うということが起こるというわけです。

以上は科学的解説ですが、仏教では紀元前から「眼・耳・鼻・舌・身・意」などの用語を使ってその仕組みを明示しているので、空海はこの詩を創作できたのです。

わずかな風にしても、その感じ方は人それぞれ違うもの。他人とは「同じではない」と心して、その他人の感覚も、自分の感覚も大切にして生きましょう。

楽しみながら「自分」を知る

自分を顧《かえり》みて、自分を知ることは大事なことです。学問を広くして物知りであったとしても、ほんとうの自分を知らない人は、ほんとうの物知りとはいえません。自分を知らないと、自分が道理に外れていてもわかりません。

——鈴木正三《しょうさん》

鈴木正三は、徳川家康に従って関ヶ原の戦いに加勢した武士でした。ただ幼い頃から死を身近に感じ、十七歳のときに仏教の経典に出合ってその教えに傾倒。家督《かとく》を継いで武士となったあとも、その職務の合間に寺院に参詣《さんけい》する仏教徒だったそうです。

ある日のこと、同じ武士の同僚の儒学者が「仏教は聖人の教えに反する考えで信じるべきではない」と述べた意見に対して、正三は激しく反論。それをきっかけに独学で身につけた仏教観をもとにして、〝人として守るべきモラル〟の本を著しました。右に紹介した教えは、その『盲安杖《もうあんじょう》』にある教えの一つです。正三はこの著作をきっかけに出家して、四十二歳ではじめて禅僧になったと伝えられています。

実をいうと、この正三の教えは、仏教だけのものではありません。数多くの宗教や哲学で説かれている〝人間が生きる上でもっとも大切にすべきこと〟であり、古代ギリシャの哲学者・ソクラテスは「汝《なんじ》自らを知れ」ということばを残しています。

自分は何もので、何のために生きているのか――あなたもこの難問を考えたことがあると思いますが、その答えは、いまだに出ていない方のほうが多いでしょう。

でも、それでいいのです。つねに同じではない自分の心身を顧みて、ほんとうの自分探しを楽しめばいいのです。それは生きている間にしかできないことですから。

●名僧のプロフィール

釈迦（しゃか）紀元前四六三～三八三
仏教の開祖。古代インドのシャカ族の王子で、姓はゴータマ、名はシッダールタ。幼い頃から、生《しょう》・老《ろう》・病《びょう》・死《し》という、すべての人間が絶対に避けて通れない〝苦しみ〟から解脱《げだつ》することを願い、二十九歳のときに妻子を残したまま城を出て、さまざまな苦行を行う。しかし苦行では悟《さと》りは得られず、三十五歳のときに深い禅定《ぜんじょう》によって悟りに達した。ブッダ（仏陀）は基本的に「釈迦の尊称」であり、のちに「仏法に目覚めた人」「仏法の悟りを得た人」の意となる。

智顗（ちぎ）五三八～五九七
中国・天台宗《てんだいしゅう》の第三祖（実質的には開祖）。第二祖の慧思《えし》に師事し、『法華経《ほけきょう》』をはじめ数多くの教えを探究して天台宗の教え（天台教学）を確立。隋《ずい》の皇帝・煬《よう》帝《だい》に信任されて「智者」の号を賜る。智顗の講述したものを弟子が書き残した

『摩訶止観《まかしかん》（天台止観）』は、天台宗の修行実践法（止観）を説いた注釈書で、今日でも日本の天台宗では修行を実践する上で不可欠な宝典とされている。

寒山（かんざん）生没年不詳・七〜八世紀
中国・唐時代の伝説上の詩僧。天台山国清寺《てんだいさんこくせいじ》の豊干禅師《ぶかんぜんじ》に師事し、寺院近くの寒山の洞窟に住んでいたことから「寒山」と名づけられた。彼の世俗を超越した奇行の伝説と書き記した数多くの詩には、その根底に深い仏教思想があり、古《いにしえ》の中国や日本の禅僧などが彼らの振る舞いに憧れ、伝統的な画題として扱われるようになる。寒山伝説は、後に「拾得《じっとく》」という兄弟弟子が加わり「寒山拾得」として伝えられている。

最澄（さいちょう）七六七〜八二二
平安時代初期の僧。日本の天台宗《てんだいしゅう》の開祖。近江《おうみ》（滋賀県）の人。十二歳で出家、十九歳で比叡山《ひえいざん》に隠棲《いんせい》して仏法の教えを研修するとともに、南都仏教の法華《ほっけ》の教えを修《おさ》める。その後、桓武《かんむ》天皇の信任を得て唐に渡り、天台教学をはじめ当時の中国で説かれていた多くの仏法の教えを学び、数多くの経典を携えて帰国すると、天台宗を開いて、比叡山《ひえいざん》に延暦寺《えんりやくじ》を創建。多角化した仏法の総合化と仏弟子の育成に生涯尽くした。

空海（くうかい）七七四〜八三五

平安時代初期の僧。真言宗《しんごんしゅう》の開祖。弘法大師《こうぼうだいし》とも称される。讃岐《さぬき》（現在の香川県）に生まれ、都で官人（学者）を目指すが挫折してその道を捨て、仏道を歩む。三十歳のときに入唐して恵果《けいか》から密教《みっきょう》を学び、帰国後、真言宗を開いて日本に密教の教えを広めた。また庶民の教育機関（綜芸種智院《しゅげいしゅちいん》）をはじめて創建するなど、さまざまな社会事業に貢献するとともに、文学や書にも優れた才能を発揮した。現・種智院大学

臨済（りんざい）?〜八六七

中国・唐時代の禅僧。臨済宗《りんざいしゅう》の開祖。曹州南華《そうしゅうなんか》（現在の山東省《さんとう》）の人で、黄檗希運《おうばくきうん》に師事してその法を嗣《つ》ぎ、修行者たちに厳しい「喝《かつ》」を与えて教化したことで知

られる。臨済の興《おこ》した臨済宗は中国禅宗の中でもっとも盛行し、その法語を集録した『臨済録』は今日も臨済宗で必読書とされている。ちなみに栄西《えいさい》はその禅風をのちに日本へ伝えただけで、厳密にいうと日本の臨済宗に開祖は存在しない。

洞山（とうざん）八〇七〜八六九

中国・唐時代の禅僧。曹洞宗《そうとうしゅう》の開祖。幼少時代に出家し、馬祖道一《ばそどういつ》の法系の五洩《ごせつ》山霊黙《ざんれいもく》に禅を学ぶ。二十一歳のときに南泉普願《なんせんふがん》などに参学したのち、雲巌曇晟《うんがんどんじょう》に師事して、水に映る自分の影を見て大悟《だいご》し、江西《こうさい》省の洞山で禅の教えを広めたことで「洞山」と称された。曹洞宗という宗派名は、洞山の弟子・曹山本寂《そうざんほんじゃく》が洞山の教義を大成し、その禅風を広めたことから二人の名をとって名づけられた。

法然（ほうねん）一一三三〜一二一二

鎌倉時代初期の僧。浄土宗《じょうどしゅう》の開祖。美作《みまさか》（現在の岡山県北部）の人で、比叡山《ひえいざん》の黒谷《くろだに》の叡空《えいくう》に師事して仏法を学び、その後二十年にわたってさまざまな宗派の奥義を研究。四十三歳のときに浄土教《じょうどきょう》の教えに帰して、京都の東山吉水《ひがしやまよしみず》に草庵《そうあん》を築いた。人はひたすら「南無阿弥陀仏《なむあみだぶつ》」という念仏をとなえることによって、阿弥陀仏によって救われるという〝口称《くしょう》念仏〟〝専修《せんしゅう》念仏〟の教えを説いた。

栄西（えいさい、ようさい）一一四一～一二一五

鎌倉時代初期の禅僧。比叡山《ひえいざん》で天台宗《てんだいしゅう》の教学を修《おさ》め、『法華経《ほけきょう》』に接して宋《そう》へ行くことを決意。自ら入宋してこの経典を学ぶとともに、禅の必要性を感じて臨済《りんざい》禅《ぜん》を修める。帰国後、新たな仏法として禅の布教を始め、幕府の帰依《きえ》を受けると、鎌倉と京都の権力者を中心に禅の教えを説き、世間へと広めた。また「茶」の種子を持ち帰り『喫茶養生記《きっさようじょうき》』を著して、日本に喫茶の習慣を築いた人でもある。

明恵（みょうえ）一一七三～一二三二

鎌倉時代初期の華厳宗《けごんしゅう》の僧。紀伊《きい》（現在の和歌山県）の人。華厳宗の興隆を志して、東大寺《とうだいじ》や高雄《たかお》などで修行し、禅宗や密教《みっきょう》などさまざまな仏教を研究。浄土宗の開祖・法然《ほうねん》に対抗して『摧邪輪《ざいじゃりん》』を著して、鎌倉時代に生まれた新仏教を理論的に批判して旧仏教を擁護したことから「華厳宗の中興《ちゅうこう》の祖」と呼ばれる。後鳥《ごと》

羽上皇から京都の栂尾山《とがのおざん》を賜り、高山寺《こうざんじ》を復興し、栄西の伝えた茶を栽培したことで知られる。

親鸞（しんらん）一一七三〜一二六二
鎌倉時代初期の僧。浄土真宗《じょうどしんしゅう》の開祖。幼少時に母を失い、九歳で出家。比叡山《ひえいざん》で二十年間天台宗《てんだいしゅう》の教えを修学したが、のちに法然《ほうねん》に帰依して念仏（浄土教《じょうどきょう》）の宗旨に精進するが、念仏弾圧により越後《えちご》（現在の新潟県）に流される。この頃から「愚禿《ぐとく》」と称して非僧非俗《ひそうひぞく》の生活に入り、僧侶としてはじめて正式に妻をめとり、絶対他力《ぜったいたりき》や悪人正機《あくにんしょうき》などの教えを説いて、下級武士や農民などの門徒を育てた。『歎異抄《たんにしょう》』は親鸞の語録集。

無門（むもん）一一八三〜一二六〇
中国・宋《そう》時代の臨済宗《りんざいしゅう》の禅僧。杭州《こうしゅう》（浙江省《せっこう》）の人。天竜朧《てんりゅうこう》に参禅して出家し、その後さまざまな師のもとへ歴参。平江府（江蘇省《こうそ》）の万寿寺《まんじゅじ》の月林師観《げつりんしかん》に師事し、その法を嗣《つ》いだ。無門が著した『無門関《むもんかん》』（古くから伝えられている四十八則の公案《こうあん》をまとめて解説をつけたもの）は、参禅の入門書的な役割として用いられ、現在も臨済宗をはじめ、禅の修行僧の必読の書とされている。

道元（どうげん）一二〇〇〜一二五三
鎌倉時代初期の禅僧。日本の曹洞宗《そうとうしゅう》の開祖。内大臣・久我通親《こがみちちか》の子で、はじめは比叡山《ひえいざん》で天台宗《てんだいしゅう》の教学を修《おさ》めるが、その教えに疑問を持ち、栄西《えいさい》の弟子・明全《みょうぜん》に師事して禅を学ぶ。その後、入宋《にゅうそう》して曹洞禅を修め帰国すると、公家や武士など権力者との結びつきを避け、厳格な純粋禅を実践するために越前《えちぜん》（現在の福井県）で永平寺《えいへいじ》を創建。日常生活を大切にし、ひたすら坐禅によって修行する〝黙照禅《もくしょうぜん》〟を確立。

叡尊（えいそん）一二〇一〜一二九〇
鎌倉時代中期の律宗《りっしゅう》の僧。大和《やまと》（現在の奈良県）の人。十七歳で京都・醍醐寺《だいごじ》の円明房叡賢《えんめいぼうえいけん》に師事して密教《みっきょう》を学び、その後、僧侶たちの戒律の軽視を憂い、大和の西大寺《さいだいじ》の再興と戒律復興に全力を尽くして律宗《りっしゅう》の教えを広めた。時の執権《しっけん》・北条時頼《ときより》の請により鎌倉へ赴き、公家や武士、貴人に戒を授け律を講じる一方で、下層の人々の救済も積極的に行うなど、さまざまな社会事業活動を行った。その貢献から示寂《じじゃく》後、「興正菩薩《こうしょうぼさつ》」の号を勅諡《ちょくし》された。

円爾（えんに）一二〇二〜一二八〇

鎌倉時代初期〜中期の臨済宗《りんざいしゅう》の禅僧。駿河《するが》（現在の静岡県）の人。五歳で出家し、天台宗《てんだいしゅう》や南都仏教の教えを修学したのちに鎌倉で参禅。三十三歳で入宗して無準《ぶしゅん》師範《しはん》に師事し、その法を受け継いで帰国すると、福岡の崇福寺《そうふくじ》、京都の東福寺《とうふくじ》の開山《かいさん》となった。また九条道家《くじょうみちいえ》、北条時頼《ときより》の帰依《きえ》を受け、後嵯峨《ごさが》天皇、亀山《かめやま》天皇、後深草《ごふかくさ》上皇に受戒《じゅかい》するなど、鎌倉幕府や朝廷などの権力者たちに禅宗を広めたことで知られる。

日蓮（にちれん）一二二二〜一二八二

鎌倉時代中期の僧。日蓮宗《にちれんしゅう》の開祖。安房《あわ》（現在の千葉県）小湊《こみなと》の漁師の子として生まれ、幼少の頃に出家。十七歳のときに比叡山《ひえいざん》にて天台宗《てんだいしゅう》の教えを学ぶ。そこで『法華経《ほけきょう》』に仏法の真髄《しんずい》を見出し、三十一歳のときにはじめて「南無《なむ》妙 法蓮《みょうほうれん》華経《げきょう》」という題目をとなえて日蓮と称し「法華宗《ほっけしゅう》」を開いた。浄土教《じょうどきょう》や禅の教理を激しく批判し、また国難を予言したことなどで数々の迫害・流罪を受けたが、その独自の宗門の教えは、のちの庶民に支持された。

一遍（いっぺん）一二三九～一二八九
鎌倉時代中期の僧。時宗《じしゅう》の開祖。伊予《いよ》（現在の愛媛県）の人。十歳で母と死別して寺に入り天台宗《てんだいしゅう》の教えを学び、十三歳で法然《ほうねん》の門弟である証空《しょうくう》の弟子・聖達《しょうたつ》に師事して浄土宗《じょうどしゅう》の教えを学ぶ。三十六歳のときに紀伊《きい》（現在の和歌山県）の熊野《くまの》本宮《ほんぐう》で啓示を受け、念仏の札（阿弥陀仏《あみだぶつ》の名号）を配る念仏賦算《ふさん》の時宗を開き、諸国遊行《しょこくゆぎょう》の旅に出て、踊りながら念仏をとなえる「踊り念仏」を世間に広めた。俗に「遊行上人《しょうにん》」と称される。

瑩山（けいざん）一二六八～一三二五
鎌倉時代後期の曹洞宗《そうとうしゅう》の禅僧。越前《えちぜん》（現在の福井県）の人。永平寺《えいへいじ》にて道元の直《じき》弟子《でし》の孤雲懐奘《こうんえじょう》やその弟子の徹通義介《てつつうぎかい》に師事して伝法を嗣《つ》いだ。北陸や四国などに曹洞宗の寺院を開いて大衆を教化し、能登の総持寺《そうじじ》（のちに横浜市鶴見の総持寺）の開山《かいさん》となり、後醍醐《ごだいご》天皇の帰依《きえ》を受けて永平寺とともに曹洞宗の二大道場とした。日本の曹洞宗の発展の基盤を築いたことから「曹洞宗中興《ちゅうこう》の祖」と呼ばれる。

夢窓（むそう）一二七五～一三五一

鎌倉時代後期～南北朝時代の臨済宗《りんざいしゅう》の禅僧。伊勢《いせ》（現在の三重県）の人。九歳のときに出家して天台宗《てんだいしゅう》の教えを学び、十八歳で得度《とくど》して奈良・東大寺《とうだいじ》で受戒《じゅかい》。二十歳で上京し、建仁寺《けんにんじ》で禅門に転じたのち、鎌倉の禅寺を参禅。後醍醐《ごだいご》天皇や足利尊氏《あしかがたかうじ》らの帰依《きえ》を受け、天龍寺船《てんりゅうじ》の派遣を行い、京都・嵐山の天龍寺の開山《かいさん》になるとともに、臨済禅の最盛や五山文学などの禅宗文化の成立に大きな影響を与えた。

関山（かんざん）一二七七〜一三六〇

鎌倉時代後期〜南北朝時代の臨済宗《りんざいしゅう》の禅僧。信濃（現在の長野県）の人。二十一歳のときに鎌倉の建長寺《けんちょうじ》で出家し、南浦紹明《なんぽじょうみん》（大応国師《だいおうこくし》）のもとで修行。その後、京の大徳寺《だいとくじ》の宗峰妙超《しゅうほうみょうちょう》（大灯国師《だいとうこくし》）に参禅してその法を嗣《つ》ぎ、後醍醐《ごだいご》天皇に禅の教えを説き、花園《はなぞの》上皇の離宮を禅寺にした妙心寺《みょうしんじ》の開山《かいさん》となった。臨済宗の法系の中心を「応灯関《おうとうかん》」というが、これは大応国師・大灯国師・関山の師資相承《ししそうしょう》を意味する。

蓮如（れんにょ）一四一五〜一四九九

室町時代の浄土真宗《じょうどしんしゅう》の僧。本願寺《ほんがんじ》八世、浄土真宗の中興《ちゅうこう》の祖。本願寺七世・存如《ぞんにょ》の子として生まれ、京都の青蓮院尊応《しょうれんいんそんおう》に学び、大谷の地で修行して宗義を極めた。諸国巡行ののち、本願寺の宗統を嗣《つ》いで門徒の教化に努め、『御文《おふみ》（東本願寺。西本願寺では「御文章《ごぶんしょう》」）』など平易な文章や日常語を用いて浄土真宗の教えを説き、越前《えちぜん》（現在の福井県）、京都、大坂で積極的に布教を行い、本願寺教団を飛躍的に発展させた。

沢庵（たくあん）一五七三～一六四五
江戸時代初期の臨済宗《りんざいしゅう》の禅僧。但馬《たじま》（現在の兵庫県）の人。武家の出身で幼くして出家。のちに京都・大徳寺《だいとくじ》の一凍紹滴《いっとうしょうてき》に師事し、三十七歳で大徳寺の住持となる。紫衣《しえ》事件で出羽《でわ》国（現在の山形県）上山《かみのやま》に流されるが、詩歌、書道、茶道など当時の最先端文化に通じる人物であったことから赦免《しゃめん》されて帰京。その後、三代将軍・徳川家光の帰依《きえ》を受けて法を説くようになり、幕府の要請で江戸・品川の東海寺《とうかいじ》の開山《かいさん》となる。

鈴木正三（すずき・しょうさん）一五七九～一六五五
江戸時代初期の曹洞宗《そうとうしゅう》の禅僧。本名は重三《しげみつ》。三河《みかわ》（現在の愛知県）の人で、武士として徳川家康・秀忠《ひでただ》に仕え、関ヶ原の戦や大坂の陣で手柄をあげたが、四十二歳のときに出家して臨済宗《りんざいしゅう》の師家を歴参するも、のちに曹洞宗の教えに深く共鳴。故郷にて石平山恩真寺《せきへいざんおんしんじ》を創設。日々の修行は、禅を主としつつ、念仏も排除せず、戒律や経典の教えも大切にした。晩年には江戸に移り住み、庶民に武士道精神を加味した「二王禅（二王不動の悪魔降伏の形像を手本とする坐禅）」を唱えた。

一絲（いっし）一六〇九〜一六四六

江戸時代初期の臨済宗《りんざいしゅう》の禅僧。十四歳で京都・相国寺《しょうこくじ》の雪岑《せっしん》や「たくあん漬」で知られる沢庵宗彭《たくあんそうほう》などに参禅したのち、京都・槇尾《まきお》の賢後《けんご》律師《りつし》について出家。さらに愚堂東寔《ぐどうとうしょく》の法を嗣《つ》いだ。後水尾《ごみずのお》上皇の帰依《きえ》を受け、その厚い信仰心を得ることにより京に霊源寺《れいげんじ》、丹波《たんば》（現在の京都府）に法常寺《ほうじょうじ》を開き、のちに近江《おうみ》（現在の滋賀県）の永源寺《えいげんじ》に住して三十七歳で示寂《じじゃく》。禅語録・法語を多数残す。

元政（げんせい）一六二三〜一六六八

江戸時代初期の日蓮宗《にちれんしゅう》の僧。幼少の頃から漢詩や歌に俊才を発揮し、彦根《ひこね》藩（現在の滋賀県）の井伊直孝《いいなおたか》に仕えるが、日蓮宗に深く帰依《きえ》して出家。仏法の律を厳粛に保ち、『法華経《ほけきょう》』の研究を続けた人として知られ、京都の深草《ふかくさ》に瑞光寺《ずいこうじ》を創建して住したことから「深草上人《しょうにん》」と呼ばれる。瑞光寺は、今日も京都市伏見区深草に「元政庵」と称されて存在し、元政の墓や遺墨が残されている。

正受老人（しょうじゅろうじん）一六四二〜一七二一

江戸時代中期の臨済宗《りんざいしゅう》の禅僧。正式な僧名は道鏡慧端《どうきょうえたん》。信州（現在の長野県）の人。十九歳のとき、江戸麻布の東北庵で至道無難《しどうぶなん》に師事し、主に臨済の宗風を参究。のちにさまざまな師に参禅し、再び無難のもとへ戻って法を嗣《つ》いだ。のちに東北庵を離れて、信州飯山城《いいやまじょう》上倉村に草庵《そうあん》を結び「正受庵」と号して禅の修行を続けた。この頃から「正受老人」と呼ばれ、臨済宗中興《ちゅうこう》の祖・白隠《はくいん》を鉗鎚《けんつい》（弟子を厳しく鍛錬する）したことで知られる。

白隠（はくいん）一六八五〜一七六八

江戸時代中期の臨済宗《りんざいしゅう》の禅僧。駿河《するが》（現在の静岡県）の人。十五歳で出家し、若くして全国を遊歴行脚《ゆうれきあんぎゃ》の修行をして、二十四歳のときに越後《えちご》（現在の新潟県）英巌寺《えいがんじ》で「遠くの鐘の音を聞いて大悟《だいご》した」と伝えられる。京都・妙心寺《みょうしんじ》に住して「臨済宗中興《ちゅうこう》の祖」と呼ばれるほどの活躍を果たすが、のちに生まれ故郷の駿河に戻り、権力者だけでなく、町人や百姓へも禅の教えを平易に説き広めた。

良寛（りょうかん）一七五八〜一八三一

江戸時代後期の曹洞宗《そうとうしゅう》の禅僧。越後《えちご》（現在の新潟県）の名主兼神主の子として生まれ、備中《びっちゅう》（現在の岡山県）玉島の円通寺《えんつうじ》の国仙和尚《こくせんおしょう》に師事して修行したのち、諸国行脚《しょこくあんぎゃ》を行い、四十七歳のときに地元の国上山《くがみやま》の五合庵に戻り生涯を送った。寺を持たず、托鉢《たくはつ》によって生活し、村の子どもたちをはじめ郷里の人々に深い尊信を受けた。純真で明快な漢詩や和歌を数多く残し、その書は現在もなお高い評価を得ている。

慧澄（えちょう）一七八〇〜一八六二

江戸時代後期の天台宗《てんだいしゅう》の僧。近江《おうみ》（現在の滋賀県）の人。十歳で比叡山《ひえいざん》に登り安《あん》楽律院《らくりついん》にて出家修行を始め、大雲律師《だいうんりつし》の法を嗣《つ》ぎ、伝法灌頂《でんぽうかんじょう》を受けて大阿闍梨《だいあじゃり》となった。また江戸へ赴いて、東叡山浄名院《とうえいざんじょうみょういん》を創建して天台宗の教えを関東へ布教したのち、再び比叡山の安楽律院に戻って研鑽《けんさん》の日々を送った。著書に「金光《こんこう》明経《みょうきょう》」の教えの内容を解説した『金光明経玄義拾遺記聞書《げんぎしゅういきぶんしょ》』がある。

釈宗演（しゃく・そうえん）一八五九〜一九一九

明治〜大正時代の臨済宗《りんざいしゅう》の禅僧。若狭《わかさ》（現在の福井県）高浜の人。京都・妙心寺《みょうしんじ》の越渓《えっけい》について師事して禅の修行を始め、のちに鎌倉・円覚寺《えんかくじ》の今北洪川《いまきたこうせん》の法を嗣《つ》いだ。その後、セイロン（現スリランカ）への遊学やシカゴ万国宗教会議に出席して講演を行って禅が欧米に紹介されるきっかけをつくるなど、近代的な禅の確立に努めた。晩年には京都臨済宗大学（現在の花園《はなぞの》大学）学長、円覚寺派管長を兼任した。

橋本峩山（はしもと・がざん）一八五三〜一九〇〇

明治時代の臨済宗《りんざいしゅう》の禅僧。五歳のときに京都・嵯峨《さが》鹿王院《ろくおういん》に入り、美濃《みの》（現在の岐阜県）正眼寺《しょうげんじ》の泰竜文彙《たいりゅうぶんい》に師事して修行したのち、京都・天龍寺《てんりゅうじ》の滴水宣牧《てきすいぎぼく》に参禅して印可を受ける。鹿王院の復興に従事したのち、師の滴水とともに天龍寺の再建に尽力し、滴水の遷化《せんげ》により天龍寺の管長になる。山岡鉄舟《やまおかてっしゅう》（幕末の剣客《けんかく》、政治家）と親友で、単純明快かつ現代的なことばで法を説いたことで知られる。

大西良慶（おおにし・りょうけい）一八七五〜一九八三

明治〜昭和時代の法相宗《ほっそうしゅう》の僧。奈良県出身。十五歳で出家し、法相宗勧学院《かんがくいん》で佐《さ》伯定胤《えきじょういん》に学び、二十五歳のときに法相宗の大本山・興福寺《こうふくじ》二三一代別当、三十九歳で京都清水寺《きよみずでら》の住職となり、九十歳（一九六五年）のときに北法相宗を設立して初代管長となる。仏教を現代社会に生かす方法を大衆にわかりやすく説き続けるとともに、自らの戦争経験から平和運動や日中友好などにも尽力した後、一〇八歳で示寂《じじゃく》。

山本玄峰（やまもと・げんぽう）一八六六〜一九六一

明治〜昭和時代の臨済宗《りんざいしゅう》の禅僧。和歌山県出身。生後まもなく親から捨てられ、十代から農林業などの仕事に従事。しかし、眼を患い、四国八十八箇所の霊場巡りをしている際に、縁あって高知の雪蹊寺《せっけいじ》で出家。のちに臨済宗妙心寺《みょうしんじ》派の管長、静岡県三島の龍沢寺《りゅうたくじ》の住職を務め、その人柄を頼り多くの著名人が参禅に訪れた。

終戦の詔勅《しょうちょく》「耐え難きを絶え……」の文言や天皇を「国家の象徴」とするように発案したことでも知られる。

朝比奈宗源（あさひな・そうげん）一八九一～一九七九
明治～昭和時代の臨済宗《りんざいしゅう》の禅僧。静岡県出身。日本大学宗教専門部を卒業後、出家して京都・妙心寺《みょうしんじ》の僧堂に入り、のちに鎌倉の円覚寺《えんがくじ》の古川尭道《ふるかわぎょうどう》に師事して法を嗣《つ》いだ。鎌倉の臨済宗円覚寺派の管長を務めた。また駒澤大学の教授に就任し、『碧巌録《へきがんろく》』『臨済録』をはじめ、数々の禅の公案《こうあん》や語録などの訳注を行い、近代の人々に禅の思想を広く提唱した。テレビ時代劇「水戸黄門」「大岡越前」などの題字を手がけたことでも有名。

高田好胤（たかだ・こういん）一九二四～一九九八
大正～昭和時代の法相宗《ほっそうしゅう》の僧。大阪市出身。十一歳で仏門に入り、奈良・薬師寺《やくしじ》の橋本凝胤《ぎょういん》に師事。薬師寺の副住職のとき、修学旅行で訪れる学生への単純明快でユーモアあふれる独特の法話が人気を呼び、世間に知られる存在となった。書籍・テレビ出演・講演などを通じて仏法を一般の人にわかりやすく説く一方、薬師寺管主《かんしゅ》に就任すると、一〇〇万巻の写経を集めて、金堂や西塔の再建など薬師寺の復興に尽力した。

本書は、本文庫のために書き下ろされたものです。

仏楽学舎（ぶつらくがくしゃ）
仏教を中心に宗教の教え、歴史、文化、伝説などを研究する企画制作集団。宗教の教えから「人生をより良く生きる」ためのヒントを学ぶ書籍の企画・執筆を行なっている。主幹は小宮山祥広。
著書に『ちょっと困った時、いざという時の「禅語」100選』（三笠書房《知的生きかた文庫》）『一休さんの般若心経』（小学館文庫）などがある。

知的生きかた文庫

名僧《めいそう》「100文字《もじ》」の教《おし》え

著　者　仏楽学舎《ぶつらくがくしゃ》
発行者　押鐘太陽
発行所　株式会社三笠書房
郵便番号一〇二‐〇〇七二
東京都千代田区飯田橋三‐三‐一
電話○三‐五二二六‐五七三四〈営業部〉
○三‐五二二六‐五七三一〈編集部〉
http://www.mikasashobo.co.jp
印刷　誠宏印刷
製本　若林製本工場

ISBN978-4-8379-7782-7 C0130